DER VORKOSTER

BJÖRN FREITAG

DER VORKOSTER

BJÖRN FREITAG

Die besten Rezepte und
Küchentipps aus der Sendung

Fotos Hubertus Schüler **Texte** Dipl.-Oecotroph. Anja Tanas

WDR FERNSEHEN

BECKER
JOEST
VOLK
VERLAG

Der perfekte Backfisch

Warenkunde Kohl

Hühnersuppe

Warenkunde Pilze

Björns Lieblingsmiesmuscheln Asia-Style

Warenkunde Hülsenfrüchte

Rinderbraten mit Rotweinsauce und Selleriepüree

Warenkunde Kürbis

Caesar-Salat mit Garnelen und Laugencroûtons

Inhalt

Vorwort

Wir alle lieben gutes Essen und lassen uns in Sachen Lebensmittelqualität nicht gern an der Nase herumführen. Liege ich da richtig? Wenn Sie sich gerade für dieses Buch entschieden haben, interessieren Sie sich sicherlich nicht nur für meine Rezepte, sondern auch für die richtigen Zutaten, den richtigen Umgang damit und dafür, wie Sie gute Qualität bei Lebensmitteln leicht erkennen. Die wichtigsten Erkenntnisse und Fakten aus der alltagsorientierten Wissensreportage, die mein WDR-Team und ich in den vergangenen acht Jahren bei „Der Vorkoster“ für Sie zusammengetragen haben, halten Sie nun in praktischer Buchform für die tägliche Nutzung in den Händen. Mit den rund 100 Folgen ist die Sendung seit 2010 eine echte Instanz im WDR Fernsehen – unsere Zuschauer machen sie mit ihrem Interesse an den Einzelthemen zu einem Dauerbrenner.

Als der Vorkoster ist es mein Job, für die Zuschauer Lebensmittel journalistisch unter die Lupe zu nehmen und Hintergründe kritisch zu hinterfragen. Es waren spannende Jahre mit aufreibenden Drehtagen, vielen unvergesslichen Momenten und ungewohnten Einblicken hinter die Kulissen der Lebensmittelindustrie. Dank dieser Aufgabe weiß ich heute viel mehr darüber, wo unsere Lebensmittel herkommen und was wirklich drinsteckt. Koch war ich ja bereits, aber dank der Sendung bin ich inzwischen auch Experte, wenn es um Fragen des Verbraucherschutzes, der Umwelt und des richtigen Lebenmittelhandlings geht.

In der Küche freuen Sie sich zu Recht über gute Tricks und praktische Kniffe für den Alltag – die spannendsten haben wir in diesem Buch zusammengetragen. Nicht wenige davon kannten schon unsere Großmütter. Leider ist vieles davon nicht mehr automatisch an die Generationen danach weitergegeben worden. Aber viele Kniffe sind auch neu und innovativ, weil die Technik sich weiterentwickelt hat. Gemüsezonen im Kühlschrank und Stabmixer gab es eben nicht schon immer. Die zahlreichen Kapitel ranken sich rund um die meistverwendeten, ganz normalen Zutaten wie Fleisch, Gemüse, Beilagen, Eier und viele andere mehr. Bei den Rezepten im Buch entdecken Sie viele unkomplizierte Evergreens, sie gehören zu meinen persönlichen Favoriten im Alltag, wenn ich mich selbst mal wieder belohnen will. Und wie in meiner Vorkoster-Sendung ein ums andere Mal bewiesen, ist der Aufwand des Selbstgekochten verglichen mit Fertiggerichten oft gar nicht viel größer, aber dafür hat man frische Lebensmittel mit unverfälschtem Genuss auf dem Teller – garantiert frei von unerwünschten Inhaltsstoffen.

Nachhaken, probieren, vergleichen – das ist unsere Mission. Vielleicht kann ich Ihnen den Kochalltag am heimischen Herd leichter machen. Wenn das so wäre, hätten die Sendung und auch mein Vorkoster-Buch ihre Bestimmung erfüllt.

Sind acht Jahre wirklich schon vorbei? Es gibt noch so viel Neues zu entdecken, wenn es ums Essen geht – genau das ist meine Leidenschaft. Ich bleibe auch weiterhin dran!

Ihr Björn Freitag

Warenkunde und Rezepte

WARENKUNDE

Eier

Eier sind jedermann vertraut, vielseitig einsetzbar, schmecken lecker und liefern unserem Körper Nährstoffe – trotzdem gibt es vieles, was lange nicht jeder weiß.

Wie bleiben Eier am besten frisch und lecker?

- Am besten lagert man Eier nach dem Einkauf **im Kühlschrank bei 5–8 °C.**
- Entweder einfach **im Karton** lassen oder im extra dafür vorgesehenen **Frischefach** im Kühlschrank. So wird das Austrocknen verzögert und das Eindringen von Keimen verhindert. Eier vor der Lagerung oder Nutzung **nicht waschen** oder abreiben, sonst würde man die unsichtbare natürliche Schutzschicht zerstören.
- Da die Schale luftdurchlässig ist, **nehmen Eier schnell Gerüche an,** die stark riechende Lebensmittel abgeben. Also immer getrennt von zum Beispiel Fisch lagern.
- Lagert man die Eier **mit der Spitze nach unten,** liegt das Eigelb nach dem Kochen schön mittig. Auch halten sie sich dann länger.
- **Hat man ein Ei zu viel aufgeschlagen,** kann man es in einem Glas mit etwas Milch oder Wasser bedeckt etwa 2 Tage im Kühlschrank aufheben. Danach auf jeden Fall gut durcherhitzen.
- Rohe Eier kann man **ohne Schale einfrieren.**

Frische-Check: In einem Wasserglas sinken frische Eier schnell auf den Boden, alte Eier schwimmen an der Oberfläche. So erkennt man auch ohne Haltbarkeitsdatum, ob ein Ei schon überlagert ist.

> **Eier mit der Spitze nach unten lagern.**

> **Zu viel Ei aufgeschlagen? Im Kühlschrank in einem Glas mit Wasser oder Milch zwischenlagern.**

> **Rohe Eier kann man ohne Schale einfrieren.**

> **Noch frisch? Machen Sie den Wasserglastest!**

Was man wissen sollte

Das Mindesthaltbarkeitsdatum (MHD) wurde für Eier auf maximal 28 Tage festgesetzt. Wer wissen möchte, wann genau das Ei gelegt wurde, muss vom Mindesthaltbarkeitsdatum an 28 Tage zurückrechnen. Vom 18. Tag nach dem Legen müssen Eier kühl gelagert werden. Das entsprechende Datum ist auf dem Karton angegeben.

> **Erst ab dem 18. Tag müssen Eier gekühlt werden.**

MHD ABGELAUFEN? Nach Ablauf des MHDs sind die Eier nicht zwingend ungenießbar. Wenn man es aufschlägt und der Geruch unauffällig ist, kann man es durchaus noch essen. Es sollte aber völlig durchgegart werden, ältere Eier eignen sich deshalb gut zum Backen.

Braun oder weiß?

Die Farbe des Eies hängt von der Hühnerrasse ab. Weder die Farbe der Schale noch die der Dotter geben Auskunft über die Qualität des Eies. Oft werden natürliche Farbstoffe als Zusatz im Hühnerfutter verwendet, damit das Eigelb eine intensivere Farbe bekommt. Fressen die Hühner viel frisches Gras oder Mais, kann das Eigelb wegen der hier natürlicherweise enthaltenen Pflanzenfarbstoffe ebenfalls eine kräftige Farbe bekommen.

DRIN UND DRUMHERUM

Was steckt im Ei?

Protein: Das Eigelb enthält mehr Proteine als das Eiklar, das hauptsächlich aus Wasser besteht. Eier liefern uns die perfekte Mischung an Aminosäuren. Unser Körper kann das Eiweiß komplett zum Aufbau von körpereigenem Eiweiß verwenden. **Vitamine:** Eier enthalten die Vitamine A, D, E und K sowie wasserlösliche B-Vitamine. Im Dotter ist zudem Folsäure enthalten. **Mineralstoffe und Spurenelemente:** Eier liefern hier ein breites Spektrum, unter anderem reichlich Kalium und Natrium mit dem Eiklar. Kalzium, Phosphor und Eisen stecken im Eigelb. **Kalorien:** Je nach Größe hat ein Ei zwischen 70 und 100 Kalorien.

> **GESUNDHEITSTIPP CHOLESTERIN** Nur das Eigelb enthält Cholesterin. Jedoch wird der Cholesterinspiegel des Blutes dadurch nur geringfügig beeinflusst. Bei gesunden Menschen mit einem normalen Cholesterinspiegel ist der Stoffwechsel in der Lage, die Konzentration zu regulieren. Auch mit zu hohem Cholesterinspiegel müssen Sie nicht verzichten, sollten nur nicht mehrere Eier am Tag essen.

Dunkler Rand am Dotter

Dunkle Verfärbung am Dotter? Kein Problem!

Hat sich bei einem hart gekochten Ei ein dunkler Rand zwischen Eiweiß und Dotter gebildet, sieht das nicht besonders lecker aus. **Aber: Das liegt nicht an mangelnder Frische!** Das Ei wurde schlicht und einfach zu lange gekocht. Unter Einwirkung von Hitze wird im Eiweiß eine Schwefelverbindung frei, die sich mit dem Eisen aus dem Dotter verbindet. Dabei entsteht dunkles Eisensulfid, das allerdings nicht gesundheitsschädlich ist.

Gute Küchenhygiene

Eier können mit gesundheitsschädlichen Keimen wie Salmonellen kontaminiert sein. Daher sollte man bei der Verarbeitung und Behandlung roher Eier Folgendes beachten:

Rohe-Eier-Rückstände müssen mit heißem Wasser und Seife von der Oberfläche entfernt werden.

- Für Speisen, die rohe Eier enthalten, ganz frische Eier verwenden.
- Spritzer von Eiklar oder Dotter immer zügig mit einem Stück Küchenpapier (nicht mit Spülschwamm oder -lappen) wegwischen.
- Sind Küchenutensilien mit rohen Eiern in Berührung gekommen, sollte man diese im Anschluss mit sehr heißem Wasser und Seife waschen.
- Nachdem man Eier angefasst hat, die Hände mit warmem Wasser und Seife waschen, bevor man andere Zutaten weiterverarbeitet.

EIER-CODE
WAS SAGT ER AUS?

Was steht auf dem Karton?

Eine EU-Verordnung regelt, dass frische Eier im Handel immer Güteklasse A sein müssen: perfekte Lebensmittel, ohne irgendwelche Schäden. Auf dem Karton findet man zudem das **Mindesthaltbarkeitsdatum, Angaben zur Haltungsform der Hennen** sowie die **Kennnummer der Packstelle** – das muss nicht zwingend der Legebetrieb sein.

› Der Karton verrät alles!

DIE GEWICHTSKLASSEN

Gewichtsklasse S (weniger als 53 g)
Gewichtsklasse M (ca. 53–63 g)
Gewichtsklasse L (63–73 g)
Gewichtsklasse XL (73 g und mehr)

Was sagt der Code auf dem Ei?

Bei Eiern aus Deutschland stehen die ersten beiden Ziffern für das Bundesland: 01 Schleswig-Holstein • 02 Hamburg • 03 Niedersachsen • 04 Bremen • 05 Nordrhein-Westfalen • 06 Hessen • 07 Rheinland-Pfalz • 08 Baden-Württemberg • 09 Bayern • 10 Saarland • 11 Berlin • 12 Brandenburg • 13 Mecklenburg-Vorpommern • 14 Sachsen • 15 Sachsen-Anhalt • 16 Thüringen. **Danach folgt die Bezifferung und Zuordnung wie links abgebildet.**

01-1-DE-0212341

- 01: Bundesland
- 1: Haltungsform
- DE: Land
- 0212341: Legebetriebsnummer mit Stallnummer

Haltungsform

2017 gab es nach Angaben des Statistischen Bundesamts in Deutschland rund 41 Millionen Legehennen in vier unterschiedlichen Haltungsformen:

0	Ökologische Erzeugung
1	Freilandhaltung
2	Bodenhaltung
3	Käfighaltung/Kleingruppen

Nach EU-Recht waren die klassischen Käfige noch bis Ende 2011 erlaubt. Seit 2012 dürfen auch in der Europäischen Union Legehennen nur noch in sogenannten ausgestalteten Käfigen mit mindestens 0,075 Quadratmeter Käfigfläche pro Henne, einem Legenest, Einstreu und Sitzstangen gehalten werden. Eier mit einer „3" im Stempelcode gibt es also immer noch. Bei Eiern aus Deutschland steht die „3" für Käfighaltung in Kleingruppen. Kommen die Eier aus anderen EU-Mitgliedstaaten, stammen sie von Legehennen aus ausgestalteten Käfigen.

› Eier aus Käfighaltung kann man einfach meiden!

Trüffeln: mit Eiern länger haltbar

In einem engen geschlossenen Behältnis sind rohe Eier in der Schale gut, um die ideale Luftfeuchtigkeit zu halten. So kann man zum Beispiel Trüffeln zusammen mit Eiern deutlich länger frisch halten, ohne dass sie austrocknen oder schimmeln. Und die Eier nehmen sogar den Geschmack und den Duft der Trüffeln an.

Spaghetti alla carbonara

Heute wage ich mich an das berühmte italienische Pasta-Gericht, das in abgewandelter Form durch Zutaten wie Sahne und Milch, gekochter Schinken oder Zwiebeln bei uns in Deutschland so beliebt ist. Auch ich halte mich nicht an das einfache Originalrezept nur mit Pancetta, Eiern und Hartkäse. Bei mir kommen Gemüse und auch Schärfe mit rein, ich mag das irgendwie.

Für 2 Personen

200 g Spaghetti
Salz
50 g durchwachsener Speck
30 ml Olivenöl
8 Zuckerschoten
1 frische rote Chilischote
50 g junge TK-Erbsen, aufgetaut
2 Eier (Größe M)
2 Eigelb (Größe M)
200 ml Gemüsebrühe
frisch gemahlener schwarzer Pfeffer
30 g Parmesan, gerieben (nach Belieben)

Zubereitungszeit ca. 12–14 Minuten

3,5 l Wasser in einem großen Topf zum Kochen bringen. Die **Spaghetti** mit 1 TL **Salz** ins kochende Wasser geben und nach Packungsangaben al dente garen. • Währenddessen die **Speckschwarte** entfernen, den Speck in dünne Scheiben schneiden und würfeln. Das **Olivenöl** in einem großen Topf erhitzen und die Speckwürfel darin bei mittlerer Hitze 2–3 Minuten unter gelegentlichem Rühren anschwitzen. • Inzwischen die **Zuckerschoten** waschen und in feine Streifen schneiden. Die **Chilischote** entkernen, waschen und in feine Ringe schneiden. Zuckerschoten und Chiliringe mit den **Erbsen** zum Speck geben und kurz mitbraten. • Die al dente gekochten Spaghetti in ein Sieb abgießen, in den Topf mit der Speck-Gemüse-Mischung geben, vermengen und auf niedrige Hitze reduzieren. • **Eier** und **Eigelb** in eine Schüssel geben und die **Gemüsebrühe** einrühren. Die Eiermasse über die Spaghettimischung gießen, vermengen und etwa 2 Minuten binden lassen. Achtung: Bei zu hoher Temperatur stockt das Ei! Mit **Salz** und **Pfeffer** abschmecken. • Die Spaghetti alla carbonara auf zwei Teller verteilen, nach Belieben mit dem **Parmesan** bestreuen und genießen.

Kaiserschmarrn

Ist der Kaiserschmarrn wirklich ein verunglückter Palatschinken? Österreichs Kaiser Franz Joseph I. soll zumindest gerufen haben: „So ein Schmarrn (dt. Unsinn) ist des Kaisers nicht wert!“, als er den superdicken, zerrissenen Eierkuchen auf seinem Teller gesehen hat. Egal, wenn es ein Unfall war, dann hatte er sehr gute und vor allem leckere Folgen.

Für 2 Personen

4 Eier (Größe M)
30 g Vanillezucker
30 g Zucker plus 2 EL Zucker
Abrieb von 1 Biozitrone
250 ml Milch (3,5 % Fett)
130 g Weizenmehl (Type 405)
1 TL Butter
2 EL Rumrosinen aus dem Glas (Fertigprodukt)
Puderzucker zum Bestreuen

Zubereitungszeit ca. 10 Minuten plus 15 Minuten Backzeit

Den Backofen auf 200 °C Ober-/Unterhitze vorheizen. • Die **Eier** trennen und das Eiweiß mit dem Handrührgerät steif schlagen. • Das Eigelb mit **Vanillezucker, Zucker** und **Zitronenabrieb** mit dem Handrührgerät in einer Schüssel schaumig rühren. Nach und nach **Milch** und **Mehl** einarbeiten – es sollte ein relativ flüssiger Teig entstehen. • Ein Drittel des Eischnees unter den Teig rühren, den restlichen Eischnee mit einem Teigschaber vorsichtig unterheben. • Die **Butter** in eine ofenfeste Pfanne (Ø 28–30 cm) geben, den zusätzlichen **Zucker** hineinstreuen und erhitzen. Kurz bevor der Zucker schmilzt, die Teigmasse hineingießen und die **Rumrosinen** darüberstreuen. In den vorgeheizten Ofen geben und 15 Minuten backen. • Herausnehmen, den Kaiserschmarrn mithilfe von zwei Gabeln in grobe Stücke zerzupfen und auf zwei Teller geben. Mit **Puderzucker** bestreuen und servieren.

Eggs Benedict

Eggs Benedict machen das Frühstück zu einem Festmahl! Angeblich wurde das Rezept 1894 für einen Börsenmakler in New York kreiert. Er bestellte wohl ein besonders mächtiges Eiergericht, um seinen Kater zu bekämpfen. Ob's geholfen hat, weiß ich nicht, aber die Köche haben auf jeden Fall einen weltweiten Klassiker erfunden.

Für 4 Personen

Für die Sauce hollandaise
50 ml Weißwein
1 Lorbeerblatt
1 Wacholderbeere
200 g Butter
2 frische Eigelb (Größe M)
1 Prise Salz

Für Spinat und Speck
200 g frischer Blattspinat
1–2 EL Olivenöl
Salz
frisch gemahlener schwarzer Pfeffer
4 Scheiben Frühstücksspeck (Bacon, à ca. 10 g)

Für Eier und Toast
50 ml Branntweinessig oder anderer einfacher Essig
4 frische Eier (Größe M)
4 Scheiben Toastbrot (à 25 g)
1 EL Schnittlauchröllchen

Zubereitungszeit ca. 45 Minuten

Für die Sauce hollandaise den **Wein** mit **Lorbeerblatt** und **Wacholderbeere** in einen Topf geben und bei mittlerer Hitze so lange köcheln lassen, bis die Flüssigkeit auf 1–2 EL reduziert ist. Vom Herd nehmen. • Die **Butter** in einem Topf bei niedriger Hitze zerlassen und köcheln lassen, bis sich weißer Schaum auf der Oberfläche bildet. Diesen mit einem Schaumlöffel abnehmen und entsorgen oder die Butter durch ein feines Sieb abseihen. Die geklärte Butter beiseitestellen. • Den **Spinat** verlesen, dicke Stängel entfernen, gut waschen und abtropfen lassen. Das **Olivenöl** in einem Topf erhitzen. Den Spinat zugeben, den Deckel aufsetzen und 1–2 Minuten anschwitzen, bis der Spinat zusammenfällt. Vom Herd nehmen und mit **Salz** und **Pfeffer** würzen. • **Speck** in einer Pfanne ohne Fettzugabe kross anbraten und vom Herd nehmen. • Lorbeer und Wacholder von der Weinreduktion entfernen. Das **Eigelb** mit dem **Salz** zur Reduktion geben und mit einem Schneebesen bei niedriger Hitze aufschlagen, bis die Masse cremig wird. Den Topf vom Herd nehmen und die geklärte flüssige Butter löffelweise hineinrühren. Eventuell noch mal kurz unter Rühren erhitzen, allerdings nur bei niedriger Hitze, sonst gerinnt die Sauce. Beiseitestellen. • Für die Eier einen großen Topf mit Wasser füllen, den **Essig** zugeben und aufkochen. Sobald das Wasser kocht, die Hitze reduzieren, bis sich keine Blasen mehr bilden. Die **Eier** einzeln aufschlagen und vorsichtig in eine Kelle geben. Das Wasser mit einem Löffel umrühren, damit ein Strudel entsteht. Die Eier einzeln aus der Kelle in diesen Strudel gleiten lassen, er sorgt dafür, dass das Eiweiß das Eigelb umhüllt. Falls nötig, mit einer Gabel etwas nachhelfen. • Die Eier jetzt 3–4 Minuten ziehen lassen – das Eiweiß ist nun fest, das Eigelb noch wachsweich. Mit einem Schaumlöffel herausheben und etwas abtropfen lassen. • Inzwischen die **Toastscheiben** goldbraun toasten und auf vier Teller legen. Den Spinat daraufsetzen, dann mit dem Speck belegen und mit etwas Sauce hollandaise bedecken. Mit den pochierten Eiern krönen und alles mit der restlichen Sauce überziehen. Mit einer Prise **Salz** würzen, mit den **Schnittlauchröllchen** garnieren und heiß genießen.

Milch und Käse

Von mild bis Stinker – die Deutschen essen ihren Käse selten pur, sondern am liebsten auf Brot. Etwa 24 Kilo lässt sich jeder Einzelne im Schnitt pro Jahr schmecken. Zwar schrumpft derzeit die Nachfrage nach Milch, dennoch sind wir nach wie vor ein Land der Milchtrinker. Molkereiprodukte sind generell aus der deutschen Küche nicht wegzudenken. Ob pur genossen oder zu köstlichen Gerichten verarbeitet, ergänzen sie fast jede Mahlzeit – oder kommen Sie auch mal ganz ohne aus?

MILCH – VON FRISCH BIS HALTBAR

Von 8 auf 19 Liter am Tag

Früher gab eine Kuh etwa 8 Liter Milch pro Tag. Das ist in etwa die Menge, die ein Kalb braucht, um aufwachsen zu können. Im Gegensatz dazu gibt eine Milchkuh heute im Schnitt rund 19 Liter Milch – mehr als das Doppelte. Erreicht wurde das durch die Züchtung von immer leistungsfähigeren Rassen, verbesserte Fütterung und optimierte Ställe.

Was ist Milch?

Steht auf der Verpackung „Milch", muss es sich immer um die Milch von Kühen handeln. Ansonsten muss die Tierart genannt werden, beispielsweise Ziegenmilch, Schafsmilch, Stutenmilch oder Kamelmilch. Milch verdirbt schnell und kann auch mit Krankheitserregern belastet sein. Deshalb wird sie fast nur behandelt verkauft. Daher sollte Milch – egal, wie sie haltbar gemacht wurde – innerhalb von 3–4 Tagen verbraucht werden, wenn die Packung einmal geöffnet ist.

So kommt Milch in den Handel

Frischmilch

- Wird auf herkömmliche Weise pasteurisiert – das heißt, dass sie in 15–30 Sekunden auf etwa 75 °C erhitzt wurde
- Wird gekühlt verkauft
- Auf der Packung steht oft der Zusatz „traditionell hergestellt"
- Ist ungeöffnet im Kühlschrank etwa 1–1,5 Wochen haltbar

Länger haltbare bzw. frische Milch

- Wird auch ESL-Milch genannt; ESL steht hier für Extended Shelf Life (= längeres Leben im Regal = länger haltbar)
- Steht in Sachen Haltbarkeit zwischen Frischmilch und H-Milch
- Wird entweder in Rahm und Magermilch getrennt, partiell mikrofiltriert und pasteurisiert und dann wieder gemischt oder sie wird mit Dampf wenige Sekunden auf 127 °C erhitzt
- Wird gekühlt angeboten und ist ungeöffnet im Kühlschrank etwa 3 Wochen haltbar

H-Milch

- Wird ultrahocherhitzt, das heißt, sie wird für wenige Sekunden auf 135–150 °C gebracht
- **Ungeöffnet ist H-Milch rund 6 Monate haltbar – auch ohne Kühlung**
- H-Milch verdirbt ohne Säuerung, den Verderb schmeckt man nicht sofort

Vorsicht mit Rohmilch

Bei Erzeugern, zum Beispiel an sogenannten Milchtankstellen, bekommt man auch Rohmilch, sie wurde also nicht erhitzt. Sie enthält noch alle natürlichen Inhaltsstoffe und der Geschmack ist besonders lecker und vollmundig. Das Bundesinstitut für Risikobewertung (BfR) warnt aber, dass der Verzehr von Rohmilch mit gesundheitlichen Risiken verbunden ist, denn sie kann Krankheitserreger enthalten. Die Milch wird nicht regelmäßig kontrolliert. Deshalb sollte man Rohmilch vor dem Genuss sicherheitshalber abkochen.

> **Rohmilch vor dem Verzehr abkochen!**

> **Vereinzelt erhält man im Handel Vorzugsmilch. Das ist abgepackte Rohmilch, die amtlich überwacht wird.**

KÄSE – VON FETT BIS MAGER

Deutschland ist Käseland

Cremig, weich oder hart, mild, kräftig oder stechend, mit Kräutern, Gewürzen oder exotischen Beigaben versehen: **Kaum ein anderes Lebensmittel ist so vielfältig wie Käse. Allein in Deutschland gibt es über 500 Sorten.** Deutsche Käseliebhaber haben aber einen eher konservativen Geschmack: Besonders beliebt sind die eher milden Sorten Edamer, Emmentaler und junger Gouda.

WAS GIBT ES FÜR KÄSE? Käse lässt sich grob in Gruppen einteilen, die sich durch den Herstellungsprozess, Fett- und Wassergehalt unterscheiden:

- Hartkäse wie Emmentaler, Parmesan und Greyerzer
- Schnittkäse wie Gouda, Tilsiter und Edamer
- Halbfester Schnittkäse wie Edelpilzkäse oder Butterkäse
- Weichkäse wie Camembert, Brie und Chèvre
- Frischkäse wie Speisequark oder Hüttenkäse
- Sauermilchkäse wie Harzer oder Handkäse
- Schmelzkäse: Erzeugnis aus Rohkäse, der unter Zugabe von Schmelzsalzen bei etwa 60 °C geschmolzen wird
- Gebrühte Käse wie Mozzarella oder Provolone

Wie viel Milch steckt drin?

Je härter der Käse ist, desto mehr Milch wurde in der Verarbeitung verwendet.

Das Grundprinzip der Käseherstellung hat sich seit Jahrhunderten nicht verändert. Noch heute wird die Milch dickgelegt, die Molke ausgepresst und anschließend reift der Käse je nach Sorte in einer Reifekammer. Für Frischkäse setzen Käser Milchsäurebakterien ein. Für Hart- und Schnittkäse wird auch Lab, ein Enzym aus dem Kälbermagen, verwendet, das Milcheiweiß zum Gerinnen bringt. Als Faustregel gilt: Je härter der Käse ist, desto mehr **Milch wurde bei der Herstellung verarbeitet.** 4 bis 5 Liter genügen, um 1 Kilo Frischkäse herzustellen. Für Hartkäse wird dagegen die dreifache Menge benötigt. **Deshalb enthält Hartkäse auch mehr Kalzium als weiche Sorten.**

Wie fett ist mein Käse?

Fett i. Tr. steht für: Fett in der Trockenmasse.

Das gibt an, wie viel Fett in 100 g Käse enthalten ist, nachdem ihm das Wasser entzogen wurde.

Käse enthält reichlich Fett. Da Käse während der Lagerung und Reifung Wasser verliert, verändert sich der prozentuale Fettgehalt ständig. Die Abkürzung „Fett i. Tr." soll für Klarheit sorgen, erreicht aber meist das Gegenteil. Sie steht für „Fett in der Trockenmasse" und gibt an, wie viel Fett in 100 g Käse enthalten ist, nachdem ihm das Wasser entzogen wurde. **Der tatsächliche Fettgehalt beträgt bei Weich- und Schnittkäse etwa die Hälfte der angegebenen Prozente, bei Frischkäse ein Drittel und bei Hartkäse drei Viertel.**

FETTGEHALTSSTUFEN In Bezug darauf gibt es die Einstufung des Fettgehalts in acht verschiedene Fettstufen, so zum Beispiel in Vollfettstufe (mindestens 45 % Fett i. Tr.), Halbfettstufe (mindestens 20 % Fett i. Tr.) oder Magerstufe (weniger als 10 % Fett i. Tr.).

KÄSE – DIE BESTEN KÜCHENTIPPS

Der perfekte Käseteller

Auf einer klassischen Käseplatte werden Hart- und Schnittkäse mit Weich-, Frisch- und Edelschimmelkäsen kombiniert. Klasse statt Masse: Schränken Sie die Auswahl ein und wählen Sie besondere Käse aus dem Fachgeschäft aus! Der Käsegenuss beginnt beim mildesten Käse, dann kommen die aromatischeren und am Ende die kräftigen, zum Beispiel Blauschimmelkäse. Wenn Sie sich an diese Regel halten, müssen Sie zwischen den einzelnen Käsesorten nicht neutralisieren.

Schnittkäse richtig lagern

Am besten in das Originalpapier oder in Frischhaltefolie verpackt im Kühlschrank (Käse- oder Gemüsefach) lagern. Sinnvoll ist auch eine Käseglocke. Wichtig: Käse sollte niemals ganz luftdicht verpackt sein! **Sollte man Frischhaltefolie verwenden, darf diese den Käse nicht zu fest umschließen, damit er noch Luft bekommt,** denn der Reifeprozess endet nicht mit dem Einkauf. Käse mit Edelschimmel immer separat lagern, damit der Schimmel nicht auf andere Produkte übergreift.

WEITERE TIPPS

- In Scheiben geschnittener Käse trocknet schneller aus und verliert schneller an Geschmack.
- Ist der Käse eingetrocknet, kann man damit Gerichte überbacken oder Saucen verfeinern.
- **Bildet sich auf Schnitt- oder Hartkäse weißer Schimmel auf der Oberfläche, kann man diesen großzügig abschneiden** und den Rest des Käses durchaus noch genießen.
- Wenn der Schimmel grün, blau oder rot ist, sollten Sie den ganzen Käse aber unbedingt wegwerfen.
- **Bei Frischkäse sollte die ganze Packung entsorgt werden, wenn sich Schimmel zeigt.**
- Damit Käse sein Aroma entfalten kann, nimmt man ihn 30 Minuten vorher aus dem Kühlschrank.

Reibekäse: besser selbst machen

Für Aufläufe und Pizza braucht man geriebenen Käse. Zwar kann man den schon abgepackt kaufen, damit der Reibekäse aber nicht zu einem großen Klumpen wird, setzen die Hersteller oft Trennmittel oder Konservierungsstoffe ein. Es ist einfach, Käse selbst zu reiben. **Luftdicht verpackt eingefroren,** hält er sich monatelang.

> **Besser ist es, den Käse selbst zu reiben. Abgepackter geriebener Käse enthält Trennmittel und ggf. Konservierungsstoffe.**

NOCH ZWEI REIBETIPPS

- Weiche Käsesorten wie frischen Mozzarella anfrieren, sie lassen sich so einfacher reiben.
- Wenn man die Reibe mit Backtrennspray einsprüht, klebt der Käse nicht fest.

> **Reibe mit Backtrennspray einsprühen, dann klebt der Käse nicht fest!**

Käserinde – nicht immer zum Verzehr geeignet

Nur bei wenigen Sorten und nur bei jungem Käse isst man die Rinde mit. Die Rinde von Schnittkäse, Hartkäse und halbfestem Schnittkäse wird zum Schutz vor Schimmelbildung mit Paraffin, Leinen- oder Kunstgewebe, Wachs oder ähnlichem Material überzogen. Oder bei der industriellen Käseherstellung wird Natamycin auf die Laibe aufgetragen. Das Konservierungsmittel muss entweder mit Namen oder der E-Nummer 235 gekennzeichnet sein. Beide kann man nicht essen.

Björns Obazda

Dieser herzhafte bayerische Brotaufstrich besticht nicht durch eine, sondern gleich vier Käsesorten. Damit vom Weichkäse sowohl die Rinde als auch das weiche Innere erhalten bleiben, empfiehlt es sich, den Käse in kleine Ecken oder Würfel zu schneiden. Knackig-frisches Gemüse sorgt für Farbe und Biss.

Für 2–4 Personen

100 g Doppelrahmfrischkäse
100 g Hüttenkäse
1 Bund Frühlingszwiebeln
½ rote Paprikaschote (ca. 100 g)
1 TL Paprikapulver edelsüß plus etwas Paprikapulver zum Garnieren
1 Prise gemahlener Kümmel
100 g Harzer Käse
100 g Camembert
Salz
frisch gemahlener schwarzer Pfeffer

Zubereitungszeit ca. 15 Minuten

Frischkäse und **Hüttenkäse** in eine Schüssel geben. • Die **Frühlingszwiebeln** putzen, waschen und in kleine Stücke schneiden. Die **Paprikahälfte** entkernen, waschen, klein würfeln und zusammen mit den Frühlingszwiebeln zum Käse in die Schüssel geben. **Paprikapulver** und **Kümmel** hinzufügen und alles gut verrühren. • Den **Harzer Käse** in kleine Stifte schneiden. Den **Camembert** nicht zu klein würfeln oder in kleinere Dreiecke schneiden und mit den Käsestiften vorsichtig unter die Frischkäsemasse heben. • Mit **Salz** und **Pfeffer** abschmecken, mit **Paprikapulver** garnieren und den Obazda servieren.

Cordon bleu mit Camembert und Currysauce

Mit Käse und Schinken gefüllt, dann dick paniert und gebraten – Cordon bleu ist nicht umsonst für viele ein Leibgericht. Damit es nicht langweilig wird, hier eine Variante mit cremigem Camembert und einer schnellen, kalten Currysauce. Servieren Sie dazu Bratkartoffeln.

Für 4 Personen

Für das Cordon bleu

600 g Kalbfleisch aus dem Rücken
Salz
4 Scheiben roher Schinken (à ca. 20 g)
120 g Camembert (alternativ Ziegenweichkäse)
3 EL Weizenmehl (Type 405)
3 Eier (Größe M)
150 g Paniermehl
2 EL Butter
4 EL Rapsöl
gehackte Petersilie zum Garnieren

Für die Sauce

200 g Schmand
100 g Crème fraîche
1 EL mildes Madras-Currypulver
2 EL frisch gepresster Zitronensaft
2 EL Agavendicksaft
1 Prise Salz

Zubereitungszeit ca. 30 Minuten

Für das Cordon bleu das **Kalbfleisch** in vier Scheiben schneiden, dann jeweils waagerecht und mittig eine tiefe Tasche einschneiden, dabei darauf achten, dass das Fleisch nicht durchgeschnitten wird – das bezeichnet man auch als Schmetterlingsschnitt. • Nun die beiden Hälften aufklappen, zwischen Backpapier legen und mit einem Fleischklopfer plattieren, alternativ einen Stieltopf zum Bearbeiten verwenden. • Die geöffneten Taschen mit **Salz** würzen und je eine **Schinkenscheibe** auflegen. Den **Camembert** in vier Scheiben schneiden und je eine Scheibe auf den Schinken legen. Die Fleischhälften zusammenklappen, andrücken und mit kleinen Holzspießen gut verschließen. • Das **Mehl** auf einen Teller streuen. Die **Eier** in einen tiefen Teller geben und verquirlen. Das **Paniermehl** in eine Schüssel geben. • Die gefüllten Fleischtaschen nacheinander zunächst im Mehl wenden. Dann vorsichtig in die Eiermasse tauchen – dabei darauf achten, dass sich die Tasche nicht öffnet oder aus der Hand gleitet. In die Schüssel mit dem Paniermehl geben und schütteln, sodass sich das Paniermehl auf dem Fleisch verteilt, dann zusätzlich noch per Hand mit dem Paniermehl bestreuen. Das Fleisch auf keinen Fall fest in das Paniermehl drücken, denn dabei könnte es zu flach werden. • **Butter** und **Öl** in einer Pfanne erhitzen und die panierten Fleischtaschen darin bei mittlerer Hitze von beiden Seiten insgesamt 7–8 Minuten braten, dabei darauf achten, dass die Panade schön goldgelb wird und nicht anbrennt. • Währenddessen für die Sauce alle **Zutaten** in eine Schüssel geben und verrühren. • Das Cordon bleu auf vier Teller setzen, mit der Currysauce beträufeln, mit **Petersilie** garnieren und direkt servieren. Alternativ die Currysauce in eine Saucière füllen und separat zum Cordon bleu reichen.

WARENKUNDE

Kartoffeln

Langweilige Beilage oder fetttriefender Dickmacher – die Kartoffel muss sich schon einiges anhören. Dabei ist die wunderbare Knolle vielseitig, lecker und, ja, auch gesund. Man muss es nur richtig anstellen, dann kann man die tollsten Gerichte aus ihr zaubern. Mal geht's ganz flott, mal kommt sie ganz raffiniert daher. Eine Delikatesse für jeden Tag.

Die Kult(ur)knolle

Die Kartoffel stammt ursprünglich vom amerikanischen Kontinent und gehört zu den Nachtschattengewächsen. **Sie ist weder Frucht noch Gemüse, sondern eine unterirdische Wurzelverdickung.** Fachleute sagen auch „landwirtschaftliche Kultur". Geerntet wird, wenn die Knollen ausgereift und schalenfest sind. Nur bei den Frühkartoffeln ist das anders: Sie können grundsätzlich schon ab Ende Mai auch mit grünem Laub geerntet werden. Die Schale ist dann noch dünn und zart, deshalb sind sie nicht gut lagerfähig. Sie kommen meist aus südlichen Ländern bei uns in den Handel oder werden hierzulande unter Folie angebaut.

> Kartoffeln sind Nachtschattengewächse.

WÜSTENKARTOFFELN Israel und Ägypten beliefern den deutschen Markt im großen Stil mit Kartoffeln. **Für den Anbau in der Wüste benötigen die Erzeuger viel Wasser – genau dort eine knappe Ressource.** Wenn deutsche Erzeuger die Nachfrage zum Beispiel wetterbedingt nicht decken können, weicht der Handel dennoch auf die Knollen mit fragwürdiger Ökobilanz aus.

Eine gute Kartoffel ...

... hat flache Augen, also Sprossknospen, die Haut ist glatt und nicht verschrumpelt.
... ist nicht beschädigt und trocken, nicht glitschig oder feucht.
... hat keine grünen Stellen und keine Triebe.
... hat einen erdigen Geruch, der keinesfalls muffig oder säuerlich ist.
... ist fest und kompakt.

Bei den Speisekartoffeln unterscheidet man drei Kategorien

- **Festkochend** für Bratkartoffeln und Kartoffelsalat
- **Vorwiegend festkochend** für Salz- und Pellkartoffeln, Pommes frites, Aufläufe, Reibekuchen
- **Mehligkochend** für Kartoffelpüree, Kartoffelteige für Schupfnudeln, Gnocchi (späte Sorten)

Kartoffeln richtig lagern

- Kartoffeln nur lagern, wenn sie noch nicht gewaschen sind.
- Kartoffeln besser **locker und luftig lagern, zum Beispiel in einem Korb oder einer Kiste.** Nicht in Plastikbeuteln, dort fangen sie schneller an zu schimmeln.
- **Gute Lagerplätze sind dunkel,** denn Licht führt dazu, dass Kartoffeln grün werden. Eventuell kann man die Knollen einfach mit dickem Papier oder Säcken abdecken.
- Wer sie längere Zeit lagern möchte, sollte dafür sorgen, dass die Raumtemperatur nicht über 15 °C liegt, optimal sind sogar nur rund 5 °C, dann wird die Ausbildung der Triebe verzögert. Noch kälter sollte es aber nicht sein, dann wird Stärke zu Zucker umgewandelt und die Knollen bekommen einen unangenehm süßen Geschmack.
- **Friert man rohe Kartoffeln ein, schmecken sie unangenehm süß.** Auch die Konsistenz wird zu weich. Kartoffeln also verarbeitet einfrieren.

> Kartoffeln ungewaschen in einem lockeren Korb oder einer Kiste lagern, am besten im Dunkeln.

> Die Raumtemperatur sollte nicht über 15 °C liegen.

PERFEKT GAREN

Nicht so viel wegwerfen!

Wer keinen richtigen Lagerkeller hat, sollte nur wenige Kartoffeln auf einmal kaufen. Bei mindestens 5 °C kann man sie sogar im Kühlschrank zwischenlagern. Generell gilt: Frühe Sorten kann man nur kurz aufheben, späte Sorten unter guten Bedingungen mehrere Wochen oder sogar Monate.

Geschälte Kartoffeln halten in einer Schale mit Wasser und einem Schuss Essig im Kühlschrank ein paar Tage.

Rohe geschälte Kartoffeln aufheben

Kartoffeln in eine Schüssel mit Wasser legen und einen Schuss Essig dazugeben, dann gut verschließen. So eingelegt können Kartoffeln im Kühlschrank bis zu 5 Tage halten. Unter Wasser und durch den Essig wird der Oxidationsprozess gestoppt. Die Nährstoffe leiden aber dennoch.

Perfekt gegart – die wichtigsten Kochtipps

- Die Kartoffeln sollten etwa die gleiche Größe haben, damit sie beim Kochen gleichzeitig gar werden.
- **Kartoffeln setzt man am besten in kaltem Wasser auf.** Gibt man sie in kochendes, dann garen sie zu ungleichmäßig – außen sind sie schnell gar, innen noch roh.
- Gar? Mit einem kleinen Messer sanft in die Kartoffel stechen. Gleitet es ohne Probleme hinein und hinaus, ist die Kartoffel gar.

Kartoffeln saugen schnell Salz auf. Ist eine Suppe/Sauce versalzen, kann man gut eine Kartoffel als Salzschwamm nehmen.

Salzschwamm

Kartoffeln nehmen Salz sehr gut auf, deshalb ist es ratsam, das Kochwasser leicht, aber nicht zu stark zu salzen. **Als Salzschwamm können sie auch hilfreich sein, wenn eine Suppe oder eine Sauce versalzen ist.**

Unter der Schale stecken viele Nährstoffe. Daher lieber nach dem Kochen schälen als vorher.

Peller sind gesünder

Viele Nährstoffe stecken unter der Schale, deshalb ist es sinnvoll, die Knollen mit Schale zu kochen und erst nachher zu pellen. So hat man zudem weniger Schälverlust.

Kartoffeln möglichst noch heiß pellen. Mit dreizinkigen Gabeln hat man sie gut im Griff. Tipp: Die Kartoffelschale vor dem Garen kreisförmig einschneiden, nach dem Kochen kurz kalt abschrecken und die Schale löst sich fast von allein. Man kann die Erdäpfel auch problemlos dampfgaren – das schont die wertvollen Inhaltsstoffe zusätzlich.

Schale mitessen?

Die Schale enthält Ballast- und Vitalstoffe, aber es gibt Gründe, sie nicht zu essen.

- Steht auf der Verpackung der Kartoffeln **„nach der Ernte behandelt", wurden Keimhemmer eingesetzt und die können gesundheitsschädlich sein.**
- Das natürliche Pflanzengift Solanin befindet sich immer in der Schale. Meist nur in geringeren Mengen, in grünlichen Bereichen und bei den Trieben aber auch höher dosiert. **Solanin kann in großen Mengen Übelkeit, Durchfall und schlimmere Vergiftungserscheinungen hervorrufen.** Es ist hitzebeständig und wird beim Kochen nicht zerstört.
- Frühe Sorten und makellose, unbehandelte Biokartoffeln kann man in der Regel bedenkenlos mit Schale genießen.

KOCHWASSER WEGSCHÜTTEN Solanin ist wasserlöslich und geht ins Kochwasser über. Das Kochwasser deshalb immer wegschütten.

Roh essen?

Die Stärke in ungegarten Kartoffeln kann der Körper nicht gut verdauen. Auch wegen des potenziellen Gehalts an Solanin sollte **man Kartoffeln nicht roh essen. Es lohnt sich geschmacklich auch nicht.**

Am Ende doch gesund

Nach den ganzen Geschichten um Keimhemmer und Solanin nun zu den positiven Seiten der Kartoffel. Sie sind nämlich durchaus sehr gesund, liefern reichlich Kalium und Vitamin C. Kartoffeln enthalten zwar nur rund 2 Prozent Eiweiß, **aber die Qualität dieser Proteine ist beachtlich. Die Kombination mit Ei oder Quark ist optimal, um den Bedarf des Körpers an Aminosäuren zu decken.**

Dickmacher?

Ob Kartoffeln Übergewicht befeuern, hängt auch von der Zubereitung ab. Während Salzkartoffeln pro 100 g nur 70 Kalorien enthalten, ist es bei 100 g frittierten Pommes frites durch weniger Wasser im Gesamtgewicht mehr als das Doppelte.

Schlanktipp: Kühlen gekochte Kartoffeln ab, wandelt sich die enthaltene Stärke um, sie wird dann schwer verdaubar. Man spricht von resistenter Stärke. Isst man also Kartoffeln vom Vortag, kann man ein paar Kalorien sparen.

> **Salzkartoffeln haben pro 100 g nur rund 70 Kalorien, Pommes frites haben mehr als das Doppelte!**

Achtung: Acrylamid

Kartoffeln sollte man auf keinen Fall zu lange hohen Temperaturen aussetzen oder anbrennen lassen. **Braune oder schwarze Stellen müssen wegen des enthaltenen Acrylamids großzügig entfernt werden.** Der Stoff entsteht beim Braten oder Frittieren der Kartoffelscheiben bei großer Hitze und steht im Verdacht, krebserregend zu sein.

Kartoffelsalat

Kartoffelsalat hat viele Gesichter, ich zeige Ihnen dieses leckere Essen heute von seiner schlanken Seite. Statt fetter Mayonnaise bilden würziger Fond und Schmand die Saucenbasis, etwas Gemüse bringt schöne Farbe, mehr Geschmack und das gesunde Plus.

Für 4 Personen

500 g mehlig- oder festkochende Kartoffeln
400 ml Kalbsfond aus dem Glas
2 weiße Zwiebeln
1 saure Gurke
1 kleines Bund Radieschen (ca. 200 g)
1 Prise Salz
2 EL Weißweinessig
2 EL Rapsöl
1 TL mittelscharfer Senf
1 Bund glatte Petersilie
1 Bund Schnittlauch
2–3 EL Schmand

Zubereitungszeit ca. 20 Minuten plus 30–40 Minuten Garzeit und 20 Minuten Ruhezeit

Die **Kartoffeln** gut waschen, in einen Topf geben und mit kaltem Wasser bedecken. Zum Kochen bringen und je nach Größe und Sorte 30–40 Minuten in der Schale gar kochen. • Inzwischen den **Kalbsfond** in einem Topf erhitzen. Die **Zwiebeln** schälen, grob zerkleinern und in den heißen Fond geben. Dann vom Herd nehmen und ziehen lassen. • **Gurke** in kleine Würfel schneiden. **Radieschen** putzen, waschen und in feine Scheiben schneiden. • Die fertig gegarten Kartoffeln abgießen und nur kurz abkühlen lassen. Dann pellen, noch sehr warm in Scheiben schneiden und in eine Schüssel geben. • Den Fond durch ein Sieb über die Kartoffeln gießen, die Zwiebelstücke entsorgen. Gurkenwürfel und Radieschen zugeben. Dann **Salz, Essig, Öl** und **Senf** vermischen, über den Kartoffelsalat gießen, vermengen und 20 Minuten ziehen lassen. • Zum Servieren **Petersilie** und **Schnittlauch** waschen, trocken schütteln und grob hacken. Mit dem **Schmand** vorsichtig unter den Kartoffelsalat heben – und fertig ist die perfekte Beilage beispielsweise zum Wiener Schnitzel (Rezept siehe Seite 176).

Kartoffelpüree – der Klassiker

In der Küche greifen immer mehr Verbraucher auf Fertigkartoffelpüree zurück. Dabei ist leckeres, selbst gemachtes Püree denkbar einfach zuzubereiten. Als Sternekoch zeige ich Ihnen mit diesem Rezept, wie es geht.

Für 4 Personen
600 g mehligkochende Kartoffeln
Salz
200 ml Milch (3,5 % Fett)
2 EL Butter
1 Prise frisch geriebene Muskatnuss

Zubereitungszeit ca. 15 Minuten plus 20–25 Minuten Garzeit
Die **Kartoffeln** schälen, große Exemplare halbieren, in einen Topf geben und knapp mit kaltem Wasser bedecken. Etwas **Salz** hinzufügen, zum Kochen bringen und 20–25 Minuten kochen, bis die Kartoffeln gar sind. • Inzwischen die **Milch** erhitzen. Die Kartoffeln in ein Sieb abgießen und zurück in den Topf geben. Heiße Milch zugießen, **Butter** und **Muskatnuss** hinzufügen, mit etwas **Salz** würzen und stampfen – allerdings nicht zu lange, sonst wird das Kartoffelpüree klebrig. • Alternativ zum Stampfen die gekochten Kartoffeln durch eine Kartoffelpresse in den Topf drücken, dann heiße Milch, Butter und **Salz** unterrühren. Auch hier gilt: Weniger ist mehr, wenn das Kartoffelpüree locker werden soll. • Das Kartoffelpüree frisch zubereitet servieren, zum Beispiel zu Schweinebraten in Biersauce.

Kartoffelpüree passt in jede Saison, aber probieren Sie je nach Jahreszeit auch eine der folgenden Kartoffelpüree-Varianten.

Variante für den Winter
Würziges Kartoffel-Walnuss-Püree
Verfeinern Sie das Kartoffelpüree mit je einer Prise gemahlenem Piment, gemahlenem Anis, gemahlenem Zimt und etwa 30 g gehackten Walnusskernen. So schmeckt es zu vielen winterlichen Gerichten.

Variante für den Frühling
Kartoffel-Kräuter-Püree
Im Frühling bieten sich viele frische Kräuter an. Gehackter Bärlauch oder gehackte junge Löwenzahnblätter, Gartenkresse, feine Frühlingszwiebelringe oder klein geschnittener Rucola geben dem Püree einen besonders frischen Geschmack. Die Zutaten (insgesamt 3–4 EL) in das heiße Püree einrühren und abschmecken.

Mediterraner Kartoffel-Hackfleisch-Topf

Erdäpfel sind vielseitig, das ist eine ihrer Stärken. In diesem deftigen Eintopf machen sie ebenfalls richtig was her. Bei der mediterranen Kombination von Rotwein, Tomaten, Knoblauch und Co. bilden sie den ruhigen geschmacklichen Hintergrund.

Für 4–6 Personen

700 g festkochende Kartoffeln (z. B. Linda)
1 große Gemüsezwiebel
1–2 EL Rapsöl
1 l Gemüsebrühe
300 ml halbtrockener Rotwein
800 g gehackte Tomaten aus der Dose
1 Lorbeerblatt
½ frische milde rote Chilischote
½ Knoblauchknolle
700 g Hackfleisch (halb und halb)
½ Sellerieknolle (ca. 300 g)
2 verschiedenfarbige Paprikaschoten (à ca. 180 g; z. B. 1 rote und 1 grüne)
1 Lauchstange (ca. 200 g)
200 g Tomaten
Salz
frisch gemahlener schwarzer Pfeffer
gehackte glatte Petersilie zum Garnieren (nach Belieben)

Zubereitungszeit ca. 30–35 Minuten

Die **Kartoffeln** schälen und in mundgerechte Stücke schneiden. Die **Zwiebel** schälen und in Ringe schneiden. • Das **Öl** in einem Bräter erhitzen. Kartoffeln und Zwiebel zugeben und bei mittlerer Hitze unter gelegentlichem Wenden etwa 5 Minuten anschwitzen. Mit der **Brühe** ablöschen und den **Rotwein** zugießen. Die **Dosentomaten** mit dem **Lorbeer** hinzugeben und zum Kochen bringen. • Währenddessen die **Chilischote** entkernen, waschen, in feine Ringe schneiden, mit der halben **Knoblauchknolle** (mit Schalen) hinzufügen und 25 Minuten köcheln lassen. • In der Zwischenzeit eine Pfanne erhitzen und das **Hackfleisch** darin bei mittlerer bis hoher Hitze unter gelegentlichem Rühren etwa 8 Minuten anbraten, dabei die Fleischklumpen mit dem Kochlöffel zerdrücken. Vom Herd nehmen. • Inzwischen den **Sellerie** schälen und klein schneiden. Die **Paprikaschoten** halbieren, entkernen und würfeln. Den **Lauch** putzen, waschen und in Ringe schneiden. Die **Tomaten** waschen, die Stielansätze herausschneiden und Tomaten in Stücke schneiden. • Das vorbereitete Gemüse erst kurz, bevor die Kartoffeln gar sind, hinzugeben, damit die Vitamine möglichst erhalten bleiben. Das Hackfleisch unterrühren, den Knoblauch herausnehmen und entsorgen. Zum Schluss mit **Salz** und **Pfeffer** abschmecken, nach Belieben mit **Petersilie** garnieren und den Kartoffel-Hackfleisch-Topf heiß servieren.

WARENKUNDE

Kohl

Rot- und Weißkohl sind ein Inbegriff der gutbürgerlichen Küche, roher Grünkohl ist trendige Szenekost und Blumenkohl sowie Brokkoli sind Lieblinge in der Sommerküche. Viele Sorten, viele Möglichkeiten. Klassische Kohlrouladen erinnern mich an die Kindheit, genauso wie Schlabberkappes, ein Kohlgericht aus dem Ruhrpott. Den würzigen Grünkohl esse ich sehr gern als feines Süppchen.

Heimatgemüse

Weiß-, Rot- und Grünkohl sind echte Heimatgemüse. **Über 90 Prozent der Ware im Handel stammen aus Deutschland.** Die Anbaubedingungen sind ideal, das Gemüse ist gut lagerfähig und die Transportkosten für die schweren Kohlköpfe sind gering. Ein Import lohnt sich schlichtweg nicht. Auch der Weiß- und Rotkohl, der in Konserven landet, stammt überwiegend von heimischen Feldern. Brokkoli, Blumenkohl und andere Sommerkohlsorten sind nur zur Saison regional zu beziehen, der Großteil der Ware wird aber importiert.

Welke Blätter? Nicht so schlimm!

Frisch ist ein Kohl, wenn die äußeren und inneren Blätter knackig sind. Sind sie labberig, gelb oder braun verfärbt und rollen sich ein, liegt der Kohl schon länger bei ungünstigen Bedingungen – im Licht und zu warm. Der ganze Kopf muss aber nicht entsorgt werden, Kohl ist ein Lagergemüse und **man kann einfach nur die betroffenen Blätter entfernen.** Der Strunk kann schon mal trocken sein, das ist beim Kohl kein Problem. In Folie eingeschweißter oder in Plastik verpackter Kohl vergammelt sehr schnell.

> **Eingeschweißter oder in Plastik verpackter Kohl vergammelt schnell.**

Grünkohl – lecker auch ohne Frost

In Kohl aus konventionellem Anbau werden immer wieder Pestizidrückstände gefunden, vor allem im Grünkohl. Bioware ist in der Regel nicht belastet. **Entgegen der landläufigen Meinung braucht moderner Grünkohl keinen Frost, um gut zu schmecken.** Denn die neuen Sorten enthalten generell kaum noch Bitterstoffe und mehr Zucker. Aber: Der süße Geschmack wird zusätzlich durch kühle Temperaturen verstärkt, weil diese den Zuckerabbau in den Blättern hemmen.

> **Pestizidrückstände findet man überwiegend bei Kohl aus konventionellem Anbau. Bioware ist in der Regel nicht belastet.**

Hohe Verluste

Wer Grünkohl am Stück kauft, muss ihn sehr gut putzen und mehrfach waschen. Der Putzverlust liegt schnell bei rund der Hälfte des Gewichts.

Küchenfertig, praktisch. Aber auch gut?

Küchenfertig in Plastikbeuteln abgepackte Grünkohlstücke sind praktisch, allerdings kann man hier nicht genau sehen, ob die Blätter auch noch frisch oder schon faulig oder trocken sind. Ob man den Grünkohl aus der Konserve mag, ist reine Geschmackssache, **eine gute Alternative ist Tiefkühlware.** Gefrorenen Grünkohl bei wenig Hitze in wenig Wasser oder Brühe bei geschlossenem Deckel langsam auftauen und dann wie gewohnt kochen und würzen.

> **Eine gute Alternative zu frischem Grünkohl ist Tiefkühlware.**

SCHNEIDEN, WASCHEN, KOCHEN

Strunk – mal lecker, mal ungenießbar

Bei den Köpfen werden die äußeren Blätter entfernt, auch der feste Strunk ist kein Genuss. Bei Blumenkohl und Brokkoli sollte man hier großzügiger sein. **Die zarten Blättchen zwischen den Röschen sind lecker, auch Strunk und frisches Blattgrün kann man zu leckeren gesunden Suppen oder Gemüsebeilagen verarbeiten.**

Verfärbte Hände lassen sich gut mit etwas Zitronensaft entfärben.

Schneiden – mal einfach, mal ein Kraftakt

Sommerkohl ist in der Küche einfach zu handeln, da die Blattstrukturen locker sind. Winterkohl rückt man am besten mit einem großen Messer – unter Umständen mit Wellenschliff – zu Leibe. Da manche Rotkohlsorten stark färben, besser alte Brettchen oder solche aus Glas verwenden und Gummihandschuhe anziehen. Mit etwas Zitronensaft lassen sich Finger gut entfärben, dann mit Seife waschen und eincremen.

GANZE BLÄTTER ABLÖSEN – SO GEHT'S! Wollen sich die Blätter zum Beispiel vom Weißkohl partout nicht voneinander lösen, kann man den ganzen Kopf (Strunk trichterförmig herausschneiden) ins kochende Wasser legen. Die Blätter werden dann nach und nach weich und lösen sich voneinander. Danach die einzelnen Blätter mit einer Küchenzange ins Eiswasser legen – dann kann man sie füllen, rollen und schmoren.

Grünkohl und Wirsing unbedingt waschen, da durch die welligen Blätter Erde am Kohl bleibt. Rot- und Weißkohl müssen hingegen nicht gewaschen werden.

Waschen oder nicht?

Rot- und Weißkohl müssen nicht gewaschen werden, da während des Wachstums keine Erde eindringt. Grünkohl und Wirsing haben wellige Blätter, an denen schnell Erde hängen bleibt. Diese Sorten also gründlich abbrausen.

Blumenkohl oder Brokkoli aus Bioanbau können schon mal von Raupen oder Käfern bewohnt sein. Um diese aus dem Versteck zu locken, kann man den Kohl vor dem Kochen einige Minuten in gesalzenes Wasser legen. Die unerwünschte Eiweißbeilage schwimmt an der Oberfläche und kann abgeschöpft werden.

Durch Zuführen von Öl, Sahne oder Butter werden einige Vitamine besser vom Körper aufgenommen.

Kochen: kurz und heftig oder lange und sanft

Beim Kochen entstehen schweflige Gerüche, die schon mal etwas penetrant sein können. **Gibt man etwas Essig ins Kochwasser, wird es weniger heftig.**

Einige Vitamine werden vom Körper besser aufgenommen, wenn Fett im Spiel ist. Deswegen zum Kohl ein wenig Öl, Sahne oder Butter hinzufügen. Um die gesunden Inhaltsstoffe zu schonen, sollte man **Kohl generell nicht lange Zeit bei großer Hitze verkochen.** Das ist auch dem Geschmack nicht zuträglich. Wenn man ihn schmort, dann bei wenig Temperatur. Versuchen Sie es aber mal mit einem kurzen, kräftigen Dünsten: kurze Zeit in wenig Wasser, Brühe oder Sahne bei geschlossenem Deckel und reichlich Hitze garen. Das Aroma des Kohls ist dann einfach genial! Das Kochwasser kann man direkt zu einer Sauce verarbeiten.

Brokkoli und Blumenkohl werden schnell überkocht, sie schmecken dann muffig, sind matschig und irgendwie unappetitlich. **Mein Tipp: Am Stück garen schont Nährstoffe und erhält den Biss.**

Roher Genuss

Alle Kohlsorten bis auf Rosenkohl kann man sehr gut roh genießen. Beliebt ist zum Beispiel Sauerkraut, nichts anderes als milchsauer vergorener Weißkohl. Ruckzuck hat man einen frischen Salat gemacht. Am besten man raspelt den Kohl und macht ihn mit einem fruchtigen, würzigen oder süßsauren Dressing an. Besser bekömmlich ist es, Kohl im Mixer zusammen mit Früchten zu einem Smoothie zu verarbeiten. **Den rohen Genuss sollte man aber nicht übertreiben** und erst einmal ausprobieren, der Darm wird dabei schon ordentlich auf Touren gebracht. Auf jeden Fall nur die zarten Blattteile als Rohkost verwenden, kräftige Stiele und Strünke entfernen. Besonders trendy sind Smoothies und Salate mit Grün- und Rotkohl. Die Senföle geben den Drinks eine leckere Note.

> **Roher Genuss sollte nicht übertrieben werden, da der Darm dabei ordentlich auf Touren gebracht wird.**

Lagergemüse hat auch seine Grenzen

Bei Köpfen gilt: Je zarter die Blätter, desto kürzer kann man den Kohl aufheben. Wintersorten harren in dunklen, kühlen und luftigen Kellerräumen gut einige Wochen, wenn nicht sogar Monate aus. Dabei auf keinen Fall in Folie einpacken, die Köpfe müssen luftig liegen. Besonders lange hält sich Kohl bei rund 1 °C im Kühlschrank – in einem besonderen Fach mit hoher Luftfeuchtigkeit. Nicht neben Früchten lagern, die das Reifegas Ethylen freisetzen, denn Kohl reagiert sehr empfindlich darauf und wird schneller welk.

> **Kohl niemals in Folie einwickeln, die Köpfe müssen luftig liegen.**

BLANCHIEREN UND EINFRIEREN Kohl kann man generell sehr gut einfrieren. Zuvor putzen, mundgerecht klein schneiden, kurz in kochendem Wasser abkochen, dann in eiskaltem Wasser abschrecken. Portionsweise einfrieren – so hält sich der Kohl ein knappes Jahr ohne größere Qualitätsverluste.

Wieso bläht Kohl?

Kohl enthält reichlich komplexe Kohlenhydrate und Ballaststoffe. Diese können teils im Dünndarm nicht verwertet werden und gelangen unverdaut in den Dickdarm. Hier greifen Bakterien die Zellstrukturen an und dabei entstehen reichlich übelriechende Gase, die zum Teil über das Blut abtransportiert werden. **Isst man große Mengen Kohl, bilden sich sehr viele Gase, die nicht mehr gebunden werden können.** Können sie nicht reibungslos aus dem Darm entweichen, kann es zu schmerzhaften Krämpfen kommen.

Was hilft?

Kräuter und Gewürze können die Entstehung von Blähungen vermindern. Entweder man gibt sie direkt in das Kohlgericht oder trinkt einen Tee zum Essen. **Empfehlenswert sind neben Kümmel auch Kamillenblüten, Fenchel oder Anis.** Sie enthalten ätherische Öle, die eine Entkrampfung des Darms bewirken. Gleichzeitig wirken sie antimikrobiell und vermindern so die Produktion von Gärungsgasen durch Darmbakterien.

> **Kümmel, Kamillenblüten, Fenchel oder Anis entkrampfen den Darm.**

Kohlrouladen wie bei meiner Mutter

So, wie meine Mutter sie einst für mich gekocht hat, serviere ich hier die klassischen Kohlrouladen. Die verführerischen Rollen lassen jedem Kohlfan das Wasser im Mund zusammenlaufen. Ich habe mich für Wirsing entschieden, schmeckt natürlich auch mit Weißkohl. Bei uns gab es immer Salzkartoffeln zu diesen Kohlrouladen.

Für 4 Personen

1 großer Wirsing
1 Zwiebel
4 Scheiben Frühstücksspeck (Bacon, à ca. 10 g)
600 g Hackfleisch (halb und halb)
1 helles Brötchen, in Wasser eingeweicht
2 EL mittelscharfer Senf
1 EL Biotomatenmark
1 Prise gemahlener Kümmel
Salz
frisch gemahlener schwarzer Pfeffer
2 EL Butterschmalz
600 ml Gemüsebrühe
50 g Sahne
1 EL Speisestärke
gehackte glatte Petersilie zum Garnieren (nach Belieben)

Zubereitungszeit ca. 30 Minuten plus 60 Minuten Garzeit

Den Backofen auf 180 °C Umluft vorheizen. • Wasser in einem großen Topf zum Kochen bringen. Vom **Wirsing** acht schöne äußere Blätter abtrennen, die dicken Mittelrippen flach abschneiden, waschen und etwa 3 Minuten im kochenden Wasser blanchieren. Herausnehmen und abtropfen lassen. (Den restlichen Wirsing in den nächsten Tagen anderweitig verwenden.) • Die **Zwiebel** schälen und würfeln. Den **Frühstücksspeck** klein schneiden. Eine Pfanne ohne Fettzugabe erhitzen. Zwiebel und Speck darin bei hoher Hitze unter Rühren scharf anbraten und vom Herd nehmen. • Das **Hackfleisch** in eine große Schüssel geben, den Pfanneninhalt hinzufügen und vermengen. Das eingeweichte **Brötchen** gut ausdrücken und ebenfalls mit unter die Masse mischen. Dann **Senf, Tomatenmark** und **Kümmel** mit etwas **Salz** und **Pfeffer** einarbeiten. • Die Hackfleischmasse auf die Kohlblätter verteilen. Die Seiten der Kohlblätter etwas über der Füllung einschlagen, zu Rouladen aufrollen und mit Küchengarn fixieren. • Das **Butterschmalz** in einem Bräter erhitzen und die Kohlrouladen darin bei mittlerer Hitze rundum schön dunkel braten. Mit der **Brühe** ablöschen und die **Sahne** zugießen. Den Deckel aufsetzen und im vorgeheizten Ofen etwa 60 Minuten garen. • Die Kohlrouladen aus dem Bräter auf einen Teller heben und warm halten. Den Garsud aus dem Bräter durch ein Sieb in einen Topf gießen. Die **Speisestärke** in 2–3 EL Wasser auflösen und unter Rühren in den Garsud einarbeiten. Kurz aufkochen und mit **Salz** und **Pfeffer** abschmecken. • Die Kohlrouladen nach Belieben mit **Petersilie** garnieren und mit der Sauce heiß servieren.

Grünkohlsüppchen mit Ricottaknödeln

Grünkohl ist vielleicht das einzige Gemüse, das völlig zerkocht superlecker schmeckt. Damit es zur Saison nicht langweilig wird, zeige ich Ihnen hier ein feines Süppchen mit einer käsigen Einlage. Passt nicht? Von wegen!

Für 4 Personen

Für die Suppe

600 g Grünkohl
250 g mehligkochende Kartoffeln
2 Zwiebeln
2 EL Rapsöl
150 g geräucherter Bauchspeck am Stück
2 EL getrockneter Majoran
1 EL helle Senfsaat
2 Lorbeerblätter
800 ml Gemüsebrühe
2 EL milder Senf
50 g eingelegte Kapern, abgetropft und Lake aufgefangen
Salz
frisch gemahlener schwarzer Pfeffer

Für die Knödel

250 g Ricotta
1 Ei (Größe M)
1 Eigelb (Größe M)
4 EL Paniermehl
100 g Parmesan oder Bergkäse, gerieben
Salz
frisch gemahlener schwarzer Pfeffer
Weizenmehl (Type 405) zum Mehlieren

Zubereitungszeit ca. 30 Minuten plus ca. 20–25 Minuten Garzeit

Für die Suppe vom **Grünkohl** die dicken Stängel wegschneiden, dann waschen und klein schneiden. Die **Kartoffeln** schälen und in Würfel schneiden. Die **Zwiebeln** schälen und in Ringe schneiden. • Das **Rapsöl** in einem Topf erhitzen und die Zwiebeln darin bei mittlerer Hitze anschwitzen, bis sie leicht Farbe annehmen. Grünkohl, Kartoffeln, **Speck, Majoran, Senfsaat, Lorbeerblätter** und **Brühe** hinzugeben, den Deckel aufsetzen und 20–25 Minuten köcheln lassen, bis die Kartoffeln sehr weich sind. • Den Speck herausnehmen, **Senf** und **Kapern** samt Lake einrühren und mit **Salz** und **Pfeffer** würzen. Kurz aufkochen lassen und mit dem Stabmixer gut pürieren. Alternativ die Suppe durch ein mittelfeines Sieb passieren. Den Speck in feine Würfel schneiden und in die fertige Suppe geben oder aber anderweitig verwenden. Die Suppe warm halten. • Für die Knödel **Ricotta, Ei** und **Eigelb** in einer Schüssel glatt rühren, dann **Paniermehl** und **Parmesan** einarbeiten. Mit **Salz** und **Pfeffer** würzen und etwas ruhen lassen. • Inzwischen **Salzwasser** in einem Topf zum Kochen bringen. Aus der Knödelmasse mit **mehlierten** Händen etwa zwölf kleine Knödel formen, in das kochende Wasser geben, den Topf vom Herd nehmen und die Knödel etwa 6 Minuten gar ziehen lassen – sie sollten zum Schluss an der Oberfläche schwimmen. • Die Suppe in vier Suppenschalen oder tiefe Teller füllen. Die Ricottaknödel mit einem Schaumlöffel herausnehmen, direkt in die Suppenschalen geben, nach Belieben mit **Pfeffer** bestreuen und servieren.

WARENKUNDE

Hülsenfrüchte

Erbsen, Bohnen, Linsen ... Viele fürchten sich vor dem Gewitter, das die Hülsenfrüchte im Darm verursachen können. Dabei sind sie supergesund und vielseitig noch dazu! Allein die Suppen sind eine Wucht. Aber die kleinen, wandelbaren Powerpakete haben mehr drauf, mit ihnen lässt sich für kleines Geld der kulinarische Horizont extrem erweitern.

GÜNSTIG UND ABWECHSLUNGSREICH

Schmackhafte Samen

Hülsenfrüchte heißen so, weil ihre schmackhaften Samen in Hülsen reifen. Geerntet werden sie meist vollreif, also zu einem Zeitpunkt, wenn sie fest und trocken sind. Die Hülsen platzen von selbst auf und mit dem Mähdrescher wird die Ernte eingefahren. Linsen oder Bohnen werden nicht ganz reif geerntet und trocknen dann in industriellen Wärmeschränken oder im Luftstrom. Bohnen und Erbsen werden im sogenannten Milchreifestadium geerntet und gelangen dann samt Hülsen als frisches Gemüse in den Handel – als grüne Bohnen, Wachsbohnen oder Zuckerschoten.

Langweilig wird es nicht!

Hülsenfrüchte gibt es in beeindruckender Vielfalt – zur Familie der Fabaceae zählen rund 20.000 Arten. Linsen kommen in vielen Farben und Größen daher. Es gibt Bohnen mit grünen, gelben, blauen und zweifarbigen Hülsen und die Bohnenkerne sind oft kleine Kunstwerke mit wunderschönen Mustern in interessanten Farbkombinationen, die leider nicht immer das Kochen überstehen.

Ob Stangen-, Busch- oder Dicke Bohnen – alle werden bei uns gern gegessen. Auch Markerbsen werden frisch gegessen, sie sind lecker süß, Palerbsen hingegen sind die Dauerware, sie haben einen höheren Stärkeanteil und sind derber im Geschmack.

Aus aller Welt

Busch- oder Stangenbohnen: ein typischer Anblick in deutschen Bauerngärten. Auch Erbsen, Dicke Bohnen und Zuckerschoten gedeihen hier gut. Dennoch werden bei uns Hülsenfrüchte überwiegend als Futter für Nutztiere und Gründüngung angebaut. Die getrockneten Hülsenfrüchte im Handel sind Importware aus aller Welt.

Darauf sollte man beim Einkauf achten

Ab Ende Mai bis in den späten Sommer hinein bekommt man bei uns frische Ware aus der Region. Für frische Bohnen und Erbsen gilt, was für alle Gemüse gilt: Sie sollten knackig und appetitlich aussehen, eine kräftige Farbe haben, arttypisch riechen und keine offensichtlichen Schadstellen aufweisen. Frische Bohnen lassen sich leicht durchbrechen, dabei hört man ein knackendes Geräusch. Der Blütenansatz darf nicht welk aussehen.

> SO ERKENNT MAN GUTE QUALITÄT Getrocknete Hülsenfrüchte sollen eine leicht glänzende Oberfläche und eine gleichmäßige Farbe haben. Sind sie hingegen runzlig, ist das ein Zeichen für falsche Verarbeitung oder Lagerung. Qualität und Aroma sind dann meist nicht mehr optimal.

- **Frisches aus der Region: Ende Mai bis in den späten Sommer.**
- **So soll es sein: glänzende Oberfläche und gleichmäßige Farbe.**

GETROCKNETE HÜLSENFRÜCHTE

Getrocknete Bohnen und Erbsen müssen 12 Stunden eingeweicht werden. Linsen nicht.

So kocht man getrocknete Hülsenfrüchte

Linsen müssen vor dem Kochen nicht eingeweicht werden. Getrocknete Bohnen und Erbsen muss man waschen und dann rund 12 Stunden in reichlich gesalzenem Wasser quellen lassen. Üblicherweise in der dreifachen Menge Wasser! Danach das Einweichwasser entsorgen und die Hülsenfrüchte in frischem Wasser kochen. **Entgegen landläufiger Meinung macht das Salz die Hülsenfrüchte nicht zäh, sondern im Gegenteil die Schale mürbe, sodass sie beim Kochen schneller weich werden.**

WANN KOMMT ESSIG DAZU? Säure in Form von Essig, Tomaten etc. hingegen sollte man erst ganz zum Schluss zufügen, denn sie sorgt tatsächlich dafür, dass die kleinen Powerpakete länger gekocht werden müssen als nötig.

Ein Schnellkochtopf verkürzt die lange Garzeit!

Wenn's schnell gehen soll

Die meisten bunten Linsen sind geschält und anders als die braune Tellerlinse ganz rasch zubereitet. **Sie zerfallen beim Kochen stärker, dafür sind sie besser verdaulich.** Hülsenfrüchte gibt es vorgegart in der Dose oder im Glas. Diese Produkte sind eine gute Alternative, wenn es schnell gehen soll; je naturbelassener, desto besser. Das Würzen übernimmt man am besten selbst. **Eine Wunderwaffe im Umgang mit Hülsenfrüchten ist übrigens ein Schnellkochtopf** – die Garzeit wird extrem verkürzt. Sinnvoll ist, gleich eine große Menge zu garen und dann portionsweise einzufrieren.

Ältere Hülsenfrüchte müssen länger gekocht werden, bis sie gar sind, deshalb nicht mit neu gekauften mischen!

Alleskönner in der Küche

Für Suppen sind Linsen und Co. ideal. Kocht man getrocknete Hülsenfrüchte sehr weich, kann man sie pürieren und zu Pasten verarbeiten, die man zum Brot genießt. Auch Bratlinge und sogar Pfannkuchen aus Hülsenfrüchten schmecken klasse. **Dabei kann man sie mit Kräutern und Gemüse ganz frei kombinieren – fast alles passt.** Bissfest gegarte Hülsenfrüchte machen sich gut als Basis für deftige Salate.

Ungeschälte Hülsenfrüchte sollte man innerhalb von 2 Jahren, geschälte innerhalb von 6 Monaten verbrauchen.

Trockenware hält ewig – oder nicht?

Getrocknete Hülsenfrüchte verderben auch nicht nach vielen Jahren. Allerdings wird der Geschmack nicht besser mit der Zeit, daher ist es ratsam, ungeschälte Hülsenfrüchte innerhalb von 2 Jahren und geschälte innerhalb von 6 Monaten zu verbrauchen. **Getrocknete Hülsenfrüchte sollten trocken und dunkel gelagert werden.** Setzt man sie Licht und Wärme aus, trocknen sie nach, was man an einer runzeligen Haut erkennen kann. Ist die Packung bereits angebrochen, empfiehlt sich das Umfüllen in eine verschließbare Vorratsdose, um Schädlinge fernzuhalten.

Frisches Hülsengemüse zubereiten

Grüne und Dicke Bohnen nach dem Putzen immer rund 10 Minuten in Brühe oder gesalzenem Wasser kochen. Dicke Bohnen zuvor aus den Schoten lösen und aus der dünnen Haut drücken. Nach dem Kochen in Eiswasser abschrecken, in Butter andünsten oder je nach Rezept anderweitig verarbeiten. Bohnen schmecken super zum Beispiel im Backofen mit Kräutern und Knoblauch geröstet. **Frische gepulte Erbsen müssen nicht großartig gekocht werden; es reicht, sie einmal aufwallen zu lassen.** Sie machen sich gut in warmen Gemüsegerichten aller Art.

> **Grüne und Dicke Bohnen nach dem Putzen immer etwa 10 Minuten in Brühe oder Salzwasser kochen.**

KEINE ROHKOST! Hülsenfrüchte, außer Zuckerschoten und frischen Erbsen, nicht roh essen! Sie enthalten unter anderem Lektine, die dafür sorgen, dass die roten Blutkörperchen verklumpen – das ist eine große Gefahr für die Gesundheit! Manche Sorten enthalten Blausäure. Durch das Abkochen werden diese Stoffe unschädlich gemacht.

So lagert man Frischware

Frische grüne oder gelbe Bohnen und Zuckerschoten sind nicht sehr lange haltbar. Am besten lassen sie sich im Kühlschrank in einer Frischhaltebox aufbewahren. Nicht zu feucht lagern, sie schimmeln schnell und sollten innerhalb von 3 Tagen verbraucht werden. **Sind die Bohnen nicht mehr knackig, kann man sie vor dem Kochen kurz in eiskaltes Wasser legen, das gibt ihnen meist noch einen Kick.** Frische Bohnen oder Erbsen kann man gut einfrieren – zuvor putzen und blanchieren. So halten sie im Froster ohne nennenswerten Qualitätsverlust bis zu 10 Monate.

> **Frische grüne oder gelbe Bohnen und Zuckerschoten in Frischhaltebox im Kühlschrank lagern, sie sollten innerhalb von 3 Tagen verbraucht werden.**

So wertvoll sind Hülsenfrüchte

Hülsenfrüchte gehören zu den Lebensmitteln mit sehr hoher Nährstoff-, aber geringer Energiedichte. Sie sind reich an Mineralien und Ballaststoffen. Unter ihrer unscheinbaren Schale verbergen sie sehr viel wertvolles Eiweiß und sind gerade in Kombination mit Getreide-, Ei- oder Milchprodukten ein hochwertiger Ersatz für Fleisch. Gute Nachricht für alle, die auf Nachhaltigkeit Wert legen: Die meisten Sorten laugen beim Anbau den Boden nicht aus, sondern verbessern ihn sogar noch.

> **Hülsenfrüchte sind reich an Mineralien und Ballaststoffen.**

Dicker Blähbauch nach dem Essen

Viele meiden Hülsenfrüchte, weil sie starke Blähungen verursachen können. Die Bekömmlichkeit verbessert sich, wenn man die gegarten Hülsenfrüchte püriert und geschälte Erbsen und Linsen bevorzugt. Gewürze und Kräuter wie Fenchel, Ingwer oder Kümmel sowie Kräuter wie Bohnenkraut, Oregano, Rosmarin und Salbei können Blähungen merklich lindern.

Wer regelmäßig Hülsenfrüchte isst, hält seinen Darm dauerhaft auf Trab. Die unangenehmen Reaktionen lassen mit der Zeit nach. Am besten mit kleinen Portionen starten und dann nach und nach vergrößern.

> **Blähungen vermeiden, indem man gegarte Hülsenfrüchte püriert oder geschälte Erbsen und Linsen bevorzugt.**

Linsensuppe à la Vorkoster

Meine Linsensuppe ist klassisch, aber doch ganz modern. Tiefschwarz sind die Belugalinsen, ein toller Kontrast zu Karotte, Sellerie und Petersilie. Anders als Tellerlinsen sind die schwarzen Linsen in 20 Minuten weich gekocht, deshalb ist meine Linsensuppe recht schnell gemacht.

Für 4 Personen
150 g Belugalinsen
2 Zwiebeln
2 Karotten (insg. ca. 200 g)
½ Sellerieknolle (ca. 300 g)
5 Scheiben Frühstücksspeck (Bacon, à ca. 10 g), gewürfelt
40 g Butter
2 EL Weizenmehl (Type 405)
5 EL Balsamico-Essig
Salz
frisch gemahlener schwarzer Pfeffer
4 Bockwürste (à ca. 100 g)
2 EL Crème fraîche
3 EL gehackte glatte Petersilie

Zubereitungszeit ca. 20 Minuten plus ca. 30 Minuten Garzeit
Die **Linsen** in einem Sieb abspülen und in einen Topf geben. Mit 1,5 l Wasser bedecken und aufkochen. Auf niedrige bis mittlere Hitze schalten und 20 Minuten köcheln lassen. • Die Linsen in ein Sieb abgießen, dabei das Kochwasser auffangen, 800 ml davon abmessen und beiseitestellen. • **Zwiebeln, Karotten** und **Sellerie** schälen und in feine Würfel schneiden. Den **Frühstücksspeck** ebenfalls würfeln. • Die **Butter** in einem Topf erhitzen. Die Gemüsewürfel mit dem Speck hineingeben und bei mittlerer Hitze 3–4 Minuten anschwitzen. • Mit dem **Mehl** bestäuben und kurz anschwitzen. Dann mit dem abgemessenen Kochwasser ablöschen und aufkochen. Die vorgegarten Linsen mit **Essig,** etwas **Salz** und **Pfeffer** hinzufügen und etwa 10 Minuten köcheln lassen. • Die **Bockwürste** in daumendicke Stücke schneiden, in die heiße Suppe geben und bei ausgeschaltetem Herd 2–3 Minuten warm ziehen lassen. • **Crème fraîche** und **Petersilie** einrühren, die Linsensuppe in vier tiefe Teller füllen und servieren.

Mediterraner Bohneneintopf

Knackige grüne Bohnen sind einfach ein Gedicht, deshalb gebe ich sie erst ganz zum Schluss in die Suppe. Und da ich so ein Mittelmeerfan bin, bekommt mein Eintopf durch die Tomaten einen mediterranen Kick versetzt.

Für 4 Personen
300 g festkochende Kartoffeln
2 Knoblauchzehen
2 Schalotten
300 g Rindfleisch aus der Keule
2 EL Rapsöl
1 l Gemüsebrühe
500 g passierte Tomaten
400 g grüne Bohnen
Salz
3 EL Olivenöl
2 EL Kräuteressig
2 EL gehacktes Bohnenkraut
frisch gemahlener
schwarzer Pfeffer

Zubereitungszeit ca. 20 Minuten plus ca. 60 Minuten Garzeit
Kartoffeln schälen und grob in Stücke schneiden. **Knoblauchzehen** schälen und hacken. **Schalotten** schälen und klein schneiden. Das **Rindfleisch** würfeln. • Das **Rapsöl** in einem Topf erhitzen. Schalotten und Fleischwürfel zugeben und bei mittlerer bis hoher Hitze unter gelegentlichem Rühren 2–3 Minuten anschwitzen. Mit der **Gemüsebrühe** ablöschen, dann die Kartoffeln mit Knoblauch und **Tomaten** hinzugeben, den Deckel aufsetzen und bei niedriger Hitze etwa 60 Minuten köcheln lassen, bis das Fleisch zart ist. • Inzwischen die **Bohnen** putzen, waschen und in mundgerechte Stücke schneiden. **Salzwasser** in einem Topf zum Kochen bringen und die Bohnen darin etwa 5 Minuten blanchieren. In ein Sieb abgießen und mit kaltem Wasser abschrecken. • Nach der Garzeit die Bohnen in die Fleischmischung rühren und den Topf vom Herd nehmen. Zum Verfeinern **Olivenöl, Essig** und **Bohnenkraut** mit etwas **Salz** und **Pfeffer** einrühren und den Eintopf servieren.

WARENKUNDE

Nüsse

Harte Schale, leckerer Kern: Ob als gesunder Snack, pikante Knabberei oder Zutat für süße Brotaufstriche, verführerische Pralinen und feine Backwaren: Nüsse stehen hoch im Kurs und begeistern dabei mit ihrer Vielfalt und Vielseitigkeit.

NUSS ODER ETWA NICHT?

Alles Nüsse oder was?

Für den Laien ist eine Nuss eine rundliche oder ovale Frucht mit harter Schale. Nach den deutschen Leitsätzen für Ölsamen **gelten aber nur Haselnüsse und Walnüsse als Nüsse.** Botaniker zählen auch Esskastanien zu diesen „echten" Nüssen. Alle anderen im Handel erhältlichen „Nusssorten" gehören anderen Fruchtgruppen an: Pistazien, Mandeln, Pekannüsse, Kokosnüsse und Cashewkerne sind Steinfrüchte, während Paranüsse eigentlich Kapselfrüchte und Macadamianüsse sogenannte Balgfrüchte sind. Auch Erdnüsse sind keine Nüsse: Sie gehören wie Erbsen, Bohnen und Linsen zu den Hülsenfrüchten.

> **Nur Haselnüsse und Walnüsse gelten als Nüsse.**

> **Alle anderen „Nusssorten" gehören anderen Fruchtgruppen an.**

Heimische Nüsse

Haselnüsse sind von Europa bis Asien verbreitet. Sie wachsen an Sträuchern oder kleinen Bäumen, die höchstens 6 Meter hoch werden. **Kommerziell angebaut werden sie in Deutschland nicht;** sie dienen meist als Zierpflanze, Feldschutzgehölz oder Einfriedung. Hauptanbaugebiete der Haselnuss sind die Türkei, Spanien, Italien, Griechenland und die USA.

Walnüsse wachsen an imposanten Bäumen, die stolze 25 Meter hoch werden können. Ihre Heimat ist Südosteuropa sowie Vorder- und Mittelasien. Obwohl Walnüsse auch in unserem Klima gut gedeihen, werden in Deutschland nur geringe Mengen erzeugt – das Hauptanbaugebiet liegt am Kaiserstuhl bei Freiburg. **Weltmarktführer in Sachen Walnuss ist heute Kalifornien.** Ist die Schale sehr hell, liegt die Vermutung nahe, dass sie gewaschen und gebleicht wurde – ein fragwürdiges Unterfangen. Die Schale kann auch gern etwas dunkler sein!

Mandeln: Mandelbäume wachsen durchaus in unseren Breiten, am besten in den Weinbaugebieten mit mildem Klima, zum Beispiel in der Pfalz. Die USA erzeugen mehr als die Hälfte der weltweiten Produktion. Weitere wichtige Erzeugerländer sind Spanien, Iran und Marokko. Es gibt Bitter-, Krach- und Süßmandeln, wobei Letztere mit ihrem süßlich-milden Aroma die wichtigste Unterart sind.

> **Haselnüsse werden in Deutschland nicht kommerziell angebaut.**

> **Walnüsse und Mandeln werden in Deutschland nur in geringen Mengen erzeugt.**

Lecker – egal, ob pur oder im Kuchen

Pro Jahr isst jeder Deutsche im Schnitt knapp 4 kg Nüsse, dabei essen aber die wenigsten täglich Nüsse pur. Warum wir trotzdem auf diese recht üppige Verzehrmenge kommen? In Deutschland liebt man nicht nur pikante Nussmischungen, sondern ganz besonders Leckereien, die Nüsse enthalten: feines Gebäck, Schokolade und Eiscreme.

So gesund sind Nüsse

Zwar sind Nüsse kein kalorienarmes Nahrungsmittel, beispielsweise enthalten 100 g Walnüsse fast 700 Kalorien, dennoch sind sie sehr gesund. Der Gehalt an wertvollen ungesättigten Fettsäuren ist enorm hoch, gleichzeitig liefern sie hochwertiges Eiweiß, von fettlöslichen Vitaminen ganz zu schweigen. Klinische Studien haben ergeben, dass der regelmäßige Genuss von Nüssen den Blutzuckerspiegel günstig beeinflusst, den Cholesterinspiegel senkt und das Risiko für Herz-Kreislauf-Erkrankungen mindern kann. Natürlich gilt das nur für pure Nüsse, nicht für Nussschokolade!

FRISCHE-CHECK UND LAGERTIPPS

Vor dem Verzehr die Nüsse am besten kurz prüfen.

Augen auf!
Auf den Verpackungen von Nüssen ist ein Mindesthaltbarkeitsdatum angegeben. Trotzdem schadet es nicht, sich ein wenig warenkundig zu machen, denn selbst, wenn dieses abgelaufen ist, kann man manch eine Nuss durchaus noch genießen. Auf der anderen Seite kann es gut sein, dass die eine oder andere Nuss schon vor Ablauf dieses Datums verdorben ist. Heißt: **Bevor man Nüsse isst oder verarbeitet, sollte man genau hinsehen!**

Ein Riechtest schadet nie: Unangenehm muffige oder ranzige Nüsse sollten Sie entsorgen.

Frische-Check bei Nüssen
Generell gilt: Die Nussschale sollte sauber und unbeschädigt sein. **Entdecken Sie schimmelige oder unnatürlich verfärbte Exemplare, sollte vorsichtshalber die ganze Packung entsorgt werden.** Für geschälte Haselnüsse oder Mandeln gilt auch: Je gelblicher die Nuss, desto älter ist sie. Riechen die Nüsse bereits unangenehm muffig oder ranzig, sollten Sie sie ebenfalls entsorgen.

Machen Sie den Schütteltest!
Kullert der Kern in der Schale herum, können Sie davon ausgehen, dass die Nuss schon älter und ausgetrocknet ist. Bei Kokosnüssen dagegen ist ein gluckerndes Geräusch Grund zur Freude: Es sagt Ihnen, dass die Nuss noch Kokoswasser enthält, also frisch ist.

Um Schädlinge zu vermeiden, Nüsse immer zügig verbrauchen.

Achtung: Vorratsschädlinge!
Werden geöffnete Packungen mit Nüssen und Mandeln längere Zeit gelagert, können sich Schädlinge ansiedeln und vermehren. Die unerwünschten Gäste können sich bereits in den gekauften Tüten befinden, sie werden aber auch von nicht gut verschlossenen Lebensmitteln angelockt und breiten sich dann nach und nach in der gesamten Wohnung aus. Daher der Rat: **Nüsse immer zügig verbrauchen!**

Lagerung: Nüsse am besten in gut verschließbaren Behältern im Kühlschrank aufbewahren oder portionsweise einfrieren.

Nüsse richtig lagern
Wenn es denn sein muss, dann sollten Nüsse kühl und dunkel gelagert werden, denn durch ihren hohen Fettgehalt werden sie schnell ranzig. Angebrochene Packungen, besonders mit gehackten Nüssen, hebt man am besten in einer **gut verschließbaren Dose oder im Schraubglas im Kühlschrank auf – maximal ein paar Wochen.** Haben Sie mehr Nüsse, als Sie zeitnah aufbrauchen können, frieren Sie sie am besten portioniert ein: **Bis zu ein Jahr können Nüsse im Gefrierfach ohne großartige Qualitätseinbußen liegen bleiben.**

SCHIMMEL? GANZE PACKUNG IN DEN MÜLL! Lagern Nüsse zu feucht und/oder zu warm, beginnen sie schnell zu schimmeln, wobei sich gesundheitsschädliche Schimmelpilzgifte bilden. Entdecken Sie kleine dunkle und klebrige Nester oder Stellen in einer Packung, sollte diese umgehend und vollständig entsorgt werden.

Mit Haut oder ohne?

Stecken Haselnüsse und Mandeln noch in der dunklen Hülle, halten sie länger und das Aroma ist besser. Auch zu Hause gelingt das Schälen ganz leicht: Haselnüsse verteilt man am besten auf einem Backblech und röstet sie im Backofen etwa 10 Minuten bei 180 °C. Dann schüttet man sie auf ein Handtuch und rubbelt damit die feinen Häutchen gründlich ab. Mandeln müssen kurz in kochendem Wasser blanchiert werden; sobald sie abgekühlt sind, kann man sie einzeln aus der Haut drücken.

> **Mit Hülle sind die Nüsse während der Lagerung besser geschützt.**

> **Häuten: Haselnüsse im Backofen rösten. Mandeln in kochendem Wasser blanchieren.**

Nüsse selbst hacken

Nüsse kann man gut in der Küchenmaschine zerkleinern. Wer keine hat, legt selbst Hand an: Ein großes Messer mit breiter Klinge verwenden. Große Nüsse zunächst mit den angewinkelten Fingern greifen und vorsichtig klein schneiden, Messer dabei langsam auf und ab bewegen. Die dabei entstehenden groben Nussstücke anschließend hacken. Dafür die Hand auf die stumpfe Seite der Klinge legen und diese mit einer wippenden Bewegung durch die Nüsse bewegen.

LASSEN SIE ES KRACHEN! Alternativ kann man die Nüsse in einen sauberen Plastikbeutel geben, diesen verschließen und zum Beispiel mit einer Teigrolle draufklopfen und bei Bedarf gleich in dem Beutel lagern.

Besonders leckere Schnitzel und Co.

Nüsse eignen sich sehr gut als Panade. Dafür werden gehackte Nüsse jeglicher Art zunächst in einer Pfanne ohne Fett geröstet, damit sie ihr volles Aroma entfalten. Dann mit der gleichen Menge Paniermehl mischen. Fleisch, Gemüse oder Bratlinge wie gewohnt zunächst mit Mehl bestäuben, dann in aufgeschlagenem Ei wenden, in die Nusspanade geben und in Öl goldbraun braten.

> **Nusspanade: gehackte Nüsse anrösten und mit gleicher Menge Paniermehl mischen.**

Nussbutter: Trendprodukt selbst gemacht

Selbst gemachte cremige Pasten aus Nüssen liegen richtig im Trend. Alles was Sie dafür brauchen, ist eine leistungsstarke Küchenmaschine – ein Stabmixer ist leider nicht geeignet. Neben Erdnüssen lassen sich Cashewkerne und Mandeln am einfachsten zu Mus verarbeiten. Nüsse für Nussbutter sollten unbedingt gehäutet sein, nur so wird die Nusspaste seidig glatt und schmeckt.

Hier ein Rezept: 500 g Nüsse im Backofen goldgelb rösten, dann mit 1 TL Salz im Hochleistungsstandmixer pürieren, bis eine feinkrümelige Masse entsteht. Wird der Mixer warm, kurz Pause machen, bevor er einen Burnout bekommt. Dann die Nussstückchen mit 2 EL Honig und 4 EL Öl (zum Beispiel Kokosöl) rund 10 Minuten mixen. Keine Sorge, wenn die Konsistenz zwischendurch bedrohlich wirkt! Gönnen Sie Ihrem Mixer weitere 5 Minuten Pause, geben Sie 1 weiteren EL Kokosfett dazu und pürieren Sie die Masse weitere 2 Minuten, bis sie glatt ist. Geben Sie nach Geschmack noch etwas Honig dazu und bewahren Sie die Nussbutter in einem Schraubglas auf.

Birchermüsli

Für einen gesunden Start in den Tag gibt's bei mir feinstes Birchermüsli aus kernigen Haferflocken und reichlich Haselnüssen. Was ich daran so mag? Man kann es gut in größerer Menge vorbereiten und dann im Kühlschrank aufheben. Ein paar Tage lang hat man ruckzuck ein leckeres Frühstück. Wer mag, isst frische Früchte dazu.

Für ca. 8 Portionen
400 g kernige Haferflocken
250 g Naturjoghurt (3,5 % Fett)
100 ml Milch (3,5 % Fett)
50 g Sahne
4–5 säuerliche Äpfel (insg. ca. 600–800 g)
150 g getrocknete Aprikosen
150 g Haselnusskerne
50 g Zucker

Zubereitungszeit ca. 20 Minuten plus Quellzeit über Nacht
Die **Haferflocken** in eine Schüssel geben, mit reichlich kaltem Wasser bedecken und über Nacht quellen lassen. • Am nächsten Morgen das restliche Wasser abgießen. **Joghurt, Milch** und **Sahne** zu den gequollenen Haferflocken geben und verrühren. • **Äpfel** waschen, entkernen und in der Küchenmaschine raspeln. Alternativ von Hand auf einer Reibe raspeln. Die **Aprikosen** in kleine Stücke schneiden. Die **Haselnüsse** grob hacken. • Apfelraspel, Aprikosen, Haselnüsse und **Zucker** zur Haferflockenmasse geben und alles verrühren. Portionsweise in eine oder mehrere Schalen füllen und genießen.

Nussecken der besonderen Art

Für 12 Nussecken

Für den Teig

300 g Weizenmehl (Type 550 oder 405)
200 g kalte Butter, in Stücke geschnitten
100 g Zucker
1 Ei (Größe S)
1 Prise Salz

Für den Belag

40 g Aprikosenkonfitüre
70 g Haselnusskerne
30 g Paranusskerne
30 g Walnusskerne
30 g Cashewkerne
25 g Mandelkerne
80 g Rührteigkuchenbrösel
30 g Rosinen
1 Prise gemahlener Kardamom
1 Prise gemahlener Kreuzkümmel
1 Prise abgeriebene Tonkabohne
160 g Eiweiß (von 3–4 Eiern in Größe L)
190 g Zucker
30 g Honig
1 Prise gemahlener Zimt

Für die Glasur

200 g Zartbitterschokolade (mind. 70 % Kakaoanteil) oder dunkle Kuvertüre

Außerdem

Küchenthermometer (falls vorhanden)

Zubereitungszeit ca. 45 Minuten plus 45–55 Minuten Backzeit

Den Backofen auf 180 °C Ober-/Unterhitze vorheizen. • Für den Teig **Mehl, Butter, Zucker, Ei** und **Salz** in eine Schüssel geben und per Hand rasch zu einem Mürbeteig verkneten. Auf einem Bogen Backpapier auf die Größe des Backblechs ausrollen und auf das Blech ziehen. Mit einer Gabel einstechen und im vorgeheizten Ofen etwa 15 Minuten goldgelb backen. • Für den Belag die **Aprikosenkonfitüre** durch ein Sieb in einen kleinen Topf streichen und leicht einkochen lassen. Das Backblech aus dem Ofen nehmen (den Ofen eingeschaltet lassen) und den heißen Mürbeteigboden dünn mit der Konfitüre bestreichen. • **Haselnüsse** auf ein Backblech geben. **Paranüsse, Walnüsse, Cashewkerne** und **Mandeln** auf einem zweiten Backblech verteilen. Beide Bleche in den Ofen geben und die Nüsse rösten, dabei zwischendurch durchrühren. Nussmischung nach etwa 10 Minuten herausnehmen und abkühlen lassen, die Haselnüsse noch 3–5 Minuten weiterrösten. • Die Haselnüsse aus dem Ofen nehmen (den Ofen eingeschaltet lassen), in ein Küchentuch einschlagen und durch Aneinanderreiben die Häute lösen. 25 g Haselnüsse beiseitelegen. • Die restlichen Haselnüsse zusammen mit Paranüssen und Mandeln mithilfe eines Nudelholzes zerdrücken. Dann Walnüsse und Cashewkerne zerdrücken. Die beiseitegelegten Haselnüsse hobeln und anschließend ebenfalls zerdrücken. Die zerdrückten Nüsse mit **Kuchenbröseln, Rosinen, Kardamom, Kreuzkümmel** und **Tonkabohne** in eine große Schüssel geben und vermengen. • Das **Eiweiß** mit **Zucker, Honig** und **Zimt** in eine große hitzebeständige Schüssel geben, auf einen großen Topf mit leicht köchelndem Wasser setzen und mit dem Handrührgerät auf mittlerer Stufe langsam auf etwa 60 °C erhitzen, bis die Masse anfängt, leicht zu dampfen. • Vom Wasserbad nehmen und die Nussmischung mit einem Holzlöffel unter die Eiweißmasse heben. Den Belag gleichmäßig auf dem Mürbeteig verteilen und im Ofen 20–25 Minuten goldbraun backen. • Herausnehmen, noch warm in zwölf Dreiecke schneiden und auf einem Kuchengitter auskühlen lassen. • Für die Glasur die **Schokolade** hacken, in eine hitzebeständige Schüssel geben, auf einen Topf mit simmerndem Wasser setzen und schmelzen. Den Boden der Nussecken mithilfe einer Gabel in die Schokolade tauchen, dann mit der Belagseite nach unten auf Backpapier setzen und die Schokolade fest werden lassen.

WARENKUNDE

Pilze

Champignons, Pfifferlinge oder Steinpilze – Pilze passen bestens zur bürgerlichen Küche und sind daher genau mein Ding. Ob aus der Zucht oder freier Wildbahn: Ihr Aroma ist unverwechselbar und damit haben sie auch das Zeug zum Festtagsschmaus.

FRISCHE-CHECK UND PUTZTIPPS

Das Reich der Pilze
Pilze gehören weder zu Tieren noch zu Pflanzen, sondern bilden ein eigenes Reich. Pilze, die wir im Handel kaufen, sind tatsächlich nur die Fruchtkörper des eigentlichen Pilzes. Dieses Myzel wächst unterirdisch als ein dichtes Geflecht.

Zuchtpilze wachsen auf Substrat
Der gewerbsmäßige Pilzanbau hat wenig mit Wald- und Wiesenromantik zu tun. Die Pilze wachsen in Gewächshäusern auf keimfrei gemachtem Substrat, das mit der Pilzbrut geimpft wurde. Das Klima wird perfekt auf die Pilze eingestellt, die durchwachsen dann zunächst das Substrat, was je nach Sorte zwischen einigen Wochen bis Monate dauern kann. Dann wird das Myzel angeregt, die schmackhaften Fruchtkörper zu bilden, die schließlich geerntet werden. Bei großen Champignonherstellern wird jeden Tag geerntet. Die Pilze werden dort gekühlt, damit sie frisch und prall bleiben. Möglichst am Folgetag liefern die Firmen sie an den Handel aus.

Meist in Plastik: Pilze im Supermarktregal
Im Supermarkt werden Pilze meist nicht mehr gekühlt. Der Nachteil dabei: Durch Temperaturschwankungen kann sich Feuchtigkeit in der Kunststoffverpackung bilden – das mindert die Qualität der Pilze, **durch den Kontakt mit dem Wasser werden sie matschig und verderben schnell.**

FRISCHE-CHECK Makellose Pilze sind prall und haben keine sichtbaren Druckstellen. Sie riechen unaufdringlich, eben typisch nach Pilz. Ist die Schnittstelle ausgetrocknet, bräunlich verfärbt und wirkt der Pilz schrumpelig, liegt die Ernte schon mehrere Tage zurück. Bemerkt man einen fischigen Geruch, eine glitschige Oberfläche oder zerfressene Lamellen, sollte man die Pilze nicht mehr kaufen, geschweige denn essen.

> **Riecht der Pilz fischig, hat eine glitschige Oberfläche oder zerfressene Lamellen, sollte man die Pilze nicht mehr kaufen, geschweige denn essen.**

Nicht waschen oder schälen
Pilze sind wie ein Schwamm und saugen sich leicht voll Wasser. **Sie sollten darum nicht gewaschen werden.** Partikel von Erde oder Substrat bürstet man leicht mit einem Pinsel oder einer Pilzbürste ab. Dunkle Stellen lassen sich mit einem kleinen Küchenmesser abkratzen, mit einem feuchten Küchentuch kann an auch hartnäckigere Verschmutzungen entfernen. Angetrocknete Stielenden abschneiden. **Das Schälen von Pilzen ist unnötig!**

> **Pilze nicht waschen, sondern mit einer Pilzbürste abbürsten.**

DOCH WASCHEN? DANN SO! Möchte man Pilze dennoch unbedingt waschen, so sollte man sie ganz kurz unter fließendem Wasser abspülen, in einer Salatschleuder vorsichtig trocknen oder mit einem Tuch abtupfen. Sofort weiterverarbeiten.

BRATEN ODER RÖSTEN

Pilze in einer Pfanne braten, dabei sollten sie nicht übereinanderliegen, denn dann würden sie im Sud köcheln und nicht braten.

Pilze braten, nicht dünsten

Pilze schmecken am besten, wenn man sie kräftig brät. Nicht zu viele Pilze auf einmal in die Pfanne geben! Sie verlieren zunächst Flüssigkeit, die verdunsten muss. Liegen aber viele Pilze übereinander, köcheln sie in dem Sud und braten nicht. An Fett sollte man nicht sparen. Gut passt Butter, manch einer bevorzugt auch Olivenöl.

Mein Tipp: Es lohnt sich, unterschiedliche Pilzsorten einzeln zuzubereiten, um die unterschiedlichen Aromen später besser genießen zu können, die sich sonst schnell überlagern.

Pilze aus dem Ofen

Bereitet man große Mengen zu, bietet es sich an, die **Pilze im Backofen zu rösten.** Hierfür mischt man die geputzten und nach Belieben zerkleinerten Pilze mit etwas Oliven- oder Sonnenblumenöl und Salz, breitet sie auf einem Backblech aus und lässt sie 15 Minuten bei 180 °C im Ofen. Dann gießt man den Sud ab, der sich währenddessen abgesetzt hat, und röstet die Pilze weitere 10 Minuten.

> **NATÜRLICHER GESCHMACKSVERSTÄRKER** **Der Pilzsud ist ein kostbarer Geschmacksträger** und verfeinert zum Beispiel Risottos, Saucen und Suppen mit seinem Umami-Aroma. Daher den Sud nicht entsorgen, sondern gegebenenfalls in ein Schraubglas abfüllen und im Kühlschrank aufbewahren. Der Sud, der entsteht, wenn man getrocknete Pilze in Wasser einweicht, ist ebenso schmackhaft! Auf jeden Fall als Würze weiterverwenden!

Pilze am besten im Gemüsefach des Kühlschranks aufbewahren, da halten sie sich etwa 4 Tage.

Lagerung

Pilze haben keine feste Schale, die das Aroma schützt – ein frisches Exemplar schmeckt also viel besser und intensiver als ein Pilz, der schon ein paar Tage liegt. Wenn, dann hebt man Pilze am besten im Gemüsefach des Kühlschranks auf, dort halten sie sich etwa 4 Tage. Folie oder Plastikverpackung entfernen oder öffnen, damit kein Kondenswasser auf die Pilze tropft und sie noch schneller verderben und schimmeln. Am besten legt man sie gut verteilt auf Küchenpapier. Da Pilze aber auch leicht austrocknen, empfiehlt es sich, sie mit einem angefeuchteten Küchentuch abzudecken.

> Pilze nehmen schnell Gerüche anderer Lebensmittel an. Sie sollten daher nicht neben stark riechenden Lebensmitteln oder Essensresten aufbewahrt werden.

Nicht immer aus der Zucht

Zuchtpilze sind das ganze Jahr über erhältlich, aber **nicht alle Sorten können angebaut werden:** Symbiotische Pilze wie Pfifferlinge und Steinpilze, die in einer Gemeinschaft mit anderen Organismen leben, stammen immer aus der Natur, wo sie von professionellen Sammlern geerntet werden.

Pilze selbst sammeln

Bevor man loszieht, sollte man sich gründlich über essbare Sorten und Giftpilze informieren. **Nur ernten, was man 100-prozentig kennt!** Volkshochschulen und Pilzexperten bieten Exkursionen an, bei denen die Teilnehmer alles Wichtige über Pilze lernen – so zum Beispiel auch, dass man den Pilz vorsichtig mit einem Messer abschneidet und nicht aus dem Boden reißt. Generell ist das Sammeln überall erlaubt, nur nicht in Naturschutzgebieten, Nationalparks und bei Naturdenkmälern.

> **Nur die Pilze sammeln, die man 100% kennt!**

> **Pilze nicht aus der Erde reißen, sondern mit einem Messer abschneiden.**

Achtsam genießen!
Wildpilze sollten immer gut erhitzt und vollständig durchgegart werden, um eine Ansteckung mit dem Fuchsbandwurm zu vermeiden. Bei hohen Temperaturen sterben seine infektiösen Eier ab. Generell gilt: Fühlt man sich nach dem Verzehr von selbst gesammelten Pilzen unwohl, sollte unbedingt ein Arzt aufgesucht werden.

Pilze einfrieren – machbar, aber nicht optimal

Wer Wildpilze außerhalb der Saison genießen möchte, muss sie haltbar machen. Wer sie einfrieren möchte, säubert die Pilze, schneidet sie klein und verteilt sie dann auf einem Brett. Auf diese Weise in ein paar Stunden eingefroren, kleben sie nicht in einem Klumpen aneinander. Die einzelnen Pilze erst dann in Beutel oder Dosen umfüllen. Am besten innerhalb von einem halben Jahr verbrauchen. Man muss bedenken: **Nach dem Auftauen sind sie sehr weich, fast matschig.** Man taut Pilze also besser gar nicht erst auf, sondern gibt sie noch gefroren in Topf oder Pfanne.

> **Vor dem Einfrieren: Pilze klein schneiden, auf einem Brett verteilen und dann für ein paar Stunden in den Froster. Danach die Pilzstücke in Beutel oder Dose umfüllen. So sind sie etwa 6 Monate haltbar.**

Pfifferlinge müssen vor dem Einfrieren kurz erhitzt werden, da sie sonst bitter schmecken: 1 Minute in sprudelndem Salzwasser kochen, abgießen, kalt abschrecken und ausgebreitet auf einem sauberen Küchenhandtuch abkühlen und trocknen lassen.

Pilze trocknen – eine gute Sache

Wer zur Saison reichlich Pilze sammelt, kann sie auch trocknen und auf diese Weise gut haltbar machen. **Vielleicht lohnt sich sogar die Anschaffung eines Dörrautomaten.** Weniger energieeffizient: Dünne Pilzscheibchen auf einem Backblech verteilen und bei leicht geöffneter Tür im Backofen bei rund 40 °C mehrere Stunden trocknen.

> **Pilze trocknen: eine gute Alternative zum Einfrieren.**

Pilze einlegen – wie die Italiener

Gerade Champignons kann man gut als kalte Vorspeise essen. Kräftig in Olivenöl anbraten, zum Beispiel mit Chili, Knoblauch, Salz und Pfeffer würzen und dann in ein Schraubglas füllen, verschließen und abkühlen lassen. Im Kühlschrank lagern und am besten innerhalb von rund 1 Woche aufessen.

Wenn es sehr viele Pilze sind, kann man sie auch auf einem Backblech verteilen und im Ofen garen. Den ausgetretenen Sud eventuell zwischendurch abschöpfen.

Jägerschnitzel mit Shiitake und Champignons

Ein Wirtshausklassiker – so einfach, so gut. Dazu passen ebenfalls ganz klassisch Pommes frites. Bei den Pilzen haben Sie freie Fahrt, nehmen Sie einfach Ihre Lieblinge.

Für 4 Personen

Für den Fond

200 ml Gemüsebrühe
25 g getrocknete Shiitake-Pilze
2 EL Sojasauce

Für die Schnitzel

500 g Kalbfleisch aus der Oberschale
Salz
frisch gemahlener weißer Pfeffer
2 EL Weizenmehl (Type 405)
2 Eier (Größe M)
5 EL Paniermehl
2 EL Butter
4 EL Rapsöl

Für die Pilze

2 Schalotten
200 g frische Shiitake-Pilze
200 g kleine weiße Champignons
1 Bund Schnittlauch
1 EL Rapsöl
150 g Sahne
1 EL geröstete helle Sesamsaat
3 EL Teriyaki-Sauce
Salz
frisch gemahlener weißer Pfeffer

Zubereitungszeit ca. 40 Minuten

Für den Fond die **Gemüsebrühe** in einen Topf geben und leicht erwärmen. Den Herd ausschalten, die getrockneten **Shiitake-Pilze** zugeben und 20 Minuten einweichen. Nach der Einweichzeit die **Sojasauce** zugeben und kurz aufkochen, damit ein kräftiger Pilzfond entsteht. Den Fond durch ein Sieb in eine Schüssel abseihen. Die Siebrückstände entsorgen. • In der Zwischenzeit für die Schnitzel das **Fleisch** in vier dünne Scheiben schneiden, mit dem Fleischklopfer möglichst dünn (etwa 5 mm) plattieren, mit **Salz** und **Pfeffer** würzen und beiseitestellen. • Für die Pilze die **Schalotten** schälen und in Scheiben schneiden. Die **Shiitake-Pilze** putzen, die Stiele entfernen und halbieren. Die **Champignons** putzen und ebenfalls halbieren. Den **Schnittlauch** waschen, trocken schütteln und in feine Röllchen schneiden. • Das **Rapsöl** in einer Pfanne erhitzen und die Pilze darin bei hoher Hitze unter gelegentlichem Rühren 2–3 Minuten kräftig anbraten. Die Schalotten zugeben und kurz mitbraten. Mit dem Pilzfond ablöschen, die **Sahne** zugießen und den **Sesam** hinzufügen. Dann so lange köcheln lassen, bis die Sauce eine cremige Konsistenz hat. Bis auf 1 EL den Schnittlauch mit der **Teriyaki-Sauce** einrühren und mit **Salz** und **Pfeffer** abschmecken. • Inzwischen den Backofen auf 100 °C Ober-/Unterhitze vorheizen. • Das **Mehl** auf einen Teller streuen. Die **Eier** in einen tiefen Teller geben und verquirlen. Das **Paniermehl** auf einen weiteren Teller streuen. Die Fleischscheiben erst im Mehl wenden, dann durch das Ei ziehen und zum Schluss im Paniermehl wälzen, dabei das Paniermehl nicht andrücken. • **Butter** und **Rapsöl** in einer sehr großen Pfanne erhitzen. Wenn die Butter zu bräunen beginnt, höchstens zwei panierte Schnitzel in die Pfanne geben und bei mittlerer Hitze unter Schwenken 2 Minuten braten. Die Schnitzel wenden und von der anderen Seite weitere 2 Minuten goldbraun braten, dabei sollte die Schnitzelpanade typische Blasen werfen. Im vorgeheizten Ofen warm halten und die restlichen Schnitzel braten – das Fleisch muss in der Pfanne genug Platz haben. Falls nötig, einzeln braten. • Die Schnitzel auf vier Teller setzen, die Pilze mit der Sauce darübergeben, mit dem restlichen Schnittlauch garnieren und servieren.

Geschmälzte Bandnudeln mit Rahmpfifferlingen

Pfifferlinge! Nutzen Sie die Saison dieses Aromawunders! Ein schnelles Essen ohne viel Tamtam, denn Pfifferlinge brauchen nicht viele Zutaten um sich herum.

Für 4 Personen

Für den Fond
200 ml Gemüsebrühe
25 g getrocknete Pfifferlinge
2 EL Sojasauce

Für die Pilze
400 g frische Pfifferlinge
2 Schalotten
1 Bund glatte Petersilie
1 EL Rapsöl
4 EL Crème double
1 TL mildes Paprikapulver
Salz
frisch gemahlener weißer Pfeffer

Für die Nudeln
Salz
500 g breite Bandnudeln
2 EL Butter
1 Prise frisch geriebene Muskatnuss
3 EL Paniermehl

Zubereitungszeit ca. 35 Minuten

Für den Fond die **Gemüsebrühe** in einen Topf geben und leicht erwärmen. Den Herd ausschalten, die **getrockneten Pfifferlinge** zugeben und 20 Minuten einweichen. Nach der Einweichzeit die **Sojasauce** zugeben und kurz aufkochen, damit ein kräftiger Pilzfond entsteht. Den Fond durch ein Sieb in eine Schüssel abseihen. Die Siebrückstände entsorgen. • In der Zwischenzeit für die Pilze die **frischen Pfifferlinge** putzen. Die **Schalotten** schälen und hacken. Die **Petersilie** waschen, trocken schütteln und hacken. • Für die Nudeln Wasser in einem großen Topf zum Kochen bringen, etwas **Salz** zugeben, die **Bandnudeln** hineingeben und nach Packungsangaben al dente garen. • Parallel dazu das **Rapsöl** in einer Pfanne erhitzen und die Pfifferlinge darin bei mittlerer Hitze unter gelegentlichem Rühren 2–3 Minuten anbraten. Die Schalotten zugeben und kurz mitbraten. Mit dem Pilzfond ablöschen und die **Crème double** einrühren. Zum Kochen bringen, bis auf 1 EL die gehackte Petersilie mit dem **Paprikapulver** zugeben und mit **Salz** und **Pfeffer** abschmecken. • Die **Butter** in einer großen, hohen Pfanne auf mittlerer Stufe erhitzen und mit **Salz** und **Muskatnuss** würzen. Das **Paniermehl** einrühren und kurz rösten. Inzwischen die gegarten Nudeln abgießen, kurz abtropfen lassen, zur Paniermehlbutter in die Pfanne geben und durchschwenken. • Die geschmälzten Bandnudeln auf vier Teller verteilen, die Rahmpfifferlinge daneben anrichten und mit der restlichen Petersilie garnieren.

WARENKUNDE

Zwiebeln und Knoblauch

Zwiebeln und Knoblauch sind was ganz Besonderes! Mit ihren unverkennbaren Aromen und dem süßlich-scharfen Geschmack dürfen die Powerknollen in kaum einem herzhaften Gericht fehlen. Oder sagen wir es so: Wohl kaum ein Rezept ließe sich nicht durch ihren würzigen Geschmack verfeinern.

ZWIEBELN – KAUFEN, SCHNEIDEN, WEINEN

Kleines Familien-Einmaleins

Speisezwiebel, Gemüsezwiebel, rote Zwiebel und Schalotte, Bärlauch, Schnittlauch, Frühlingszwiebel, Silber- und Perlzwiebel, Knoblauch – sie alle gehören zur Gattung der Lauche (Allium). Bei Zwiebeln und Knoblauch handelt es sich in erster Linie um unterirdisch wachsende Pflanzenteile, sogenannte Bulben, die aus geschwollenen Laubblättern bestehen. Diese Pflanzenorgane speichern die Energie, die sie für ihr Wachstum brauchen.

Zwiebeln von bester Qualität

Eine gute Zwiebel ist fest und kompakt, frei von Wurzelresten und Trieben. Wenn man die Packung an einem Zipfel anhebt, muss es trocken rascheln. Ein paar leichte Flecken auf der leicht glänzenden Schale sind akzeptabel, auch Risse, solange das Fruchtfleisch noch gut abgedeckt ist.

Wie lagern?

Da Zwiebeln bei Licht und Feuchtigkeit keimen beziehungsweise faulen, müssen sie trocken und dunkel lagern. Die beste Temperatur ist etwa 10 °C.

Küchentipps und -tricks

- **Schneidetrick:** Den Wurzelansatz bis zum Schluss an der Zwiebel lassen! Man kann ihn beim Schneiden festhalten und die Zwiebelhälften auf diese Weise fixieren.
- **Süßliche Note: Gekochte, gedünstete oder gebratene Zwiebeln schmecken süßer als rohe,** denn beim Kochen wird der enthaltene Zucker freigesetzt.
- **Entschärfen:** Will man rohe Zwiebelwürfel in Salate mischen, kann man sie zum **Entschärfen vorher kurz mit etwas kochendem Wasser abbrühen.** Die Zwiebeln samt Wasser dann zum Dressing geben, damit man keine gesunden Inhaltsstoffe verschwendet.
- **Gekeimte Zwiebeln kann man essen – inklusive der Keime.** Es kann nur sein, dass sich der Geschmack etwas verändert, dass er zum Beispiel bitter wird. Das Gleiche gilt für Knoblauch, aus diesem Grund entfernen viele den kleinen grünen Keim im Inneren.

Große Wirkung

Zwiebeln und Knoblauch gelten seit jeher als besonders gesund. Die ätherischen Öle wirken schleimlösend und können bei Infektionen der Atemwege Erleichterung bringen. Das Wachstum von Keimen wird eingedämmt. Insbesondere Zwiebeln kommen bei Mittelohrentzündungen zum Einsatz, entweder in Hälften geschnitten zum Auflegen oder mit viel Zucker oder Honig zum süßherben Hustensaft gebraut.

Regelmäßig genossen, beugen sie Herz-Kreislauf-Erkrankungen wie Herzinfarkt und Arteriosklerose vor, indem Blutdruck und auch Cholesterinspiegel des Blutes gesenkt und gleichzeitig dessen Fließeigenschaften verbessert werden. Allerdings müssen etwa 4 g frischer roher Knoblauch (2–3 Knoblauchzehen) täglich gut zerkaut gegessen werden, um einen nachweisbaren medizinischen Effekt zu erzielen.

> **Die ätherischen Öle in Zwiebeln und Knoblauch wirken schleimlösend und das Wachstum von Keimen wird eingedämmt.**

KNOBLAUCH
IN DER KÜCHE

Bitterer Geschmack

Es ist ratsam, **Zwiebeln und Knoblauch nicht zu reiben oder im Mixer minutenlang klein zu hacken,** da die Zellen extrem stark zerstört werden, viele schweflige Verbindungen frei werden. Auch quetschen sollte man Zwiebeln **genau aus diesem Grund nicht, beim Schneiden also ein sehr scharfes Messer verwenden.** Selbst damit geschnittene Zwiebeln verlieren nicht nur nach und nach an Aroma, sondern werden bitter – nur eben etwas zeitverzögert.

Auch Knoblauch muss top sein!

Im Winter bekommt man nur getrockneten Knoblauch – ob weiß, rötlich oder violett. Der Handel unterscheidet nach den Herkunftsbezeichnungen, zum Beispiel französisch oder spanisch. **Kauft man feste, pralle und unverfärbte Knollen, ist man gut bedient.** Extrem leichte und ausgetrocknete sowie weiche Exemplare mit dunklen Stellen besser liegen lassen. Eine sehr weiße Schale bei Knoblauch aus China kann darauf hinweisen, dass hier chemische Bleichmittel zum Einsatz kamen.

DER FRISCHE Jungen, frischen Knoblauch gibt es ab März im Handel, meist aus Ägypten und der Türkei, ab April aus Sizilien und ab Mai aus Südfrankreich. **Die frischen Knollen sind saftig, würzig, intensiv im Aroma und doch nicht so scharf wie bereits gelagerte.** Einfach nur gebraten mit etwas Butter, Salz und Brot schmeckt frischer Knoblauch am besten.

Alleskönner in der Küche

Aus den Töpfen der Mittelmeerländer ist Knoblauch nicht wegzudenken. Er wird hier sogar roh gegessen, vorher mit Kräutern in Essig und Öl eingelegt. Mariniert gibt er einen Teil des Aromas ab und wird milder. **Auch beim Erhitzen verliert er an Schärfe, aber leider auch einen Teil seiner gesundheitsfördernden Eigenschaften.** Alle Fleisch-, Fisch- oder Gemüsegerichte schmecken mit einem Hauch der tollen Zehe.

Erst Zwiebel, dann Knoblauch

Da Knoblauch weniger Wasser als die Zwiebel enthält, trocknet er beim Erhitzen in Pfanne oder Topf schneller und wird rasch braun. **Beim Anbraten also immer zuerst die Zwiebeln und viel später erst den Knoblauch** – zum Beispiel mit dem restlichen Gemüse – in die Pfanne geben.

Getrockneten Knoblauch kühl, dunkel und trocken lagern. Frischen Knoblauch im Gemüsefach des Kühlschranks lagern.

Knollen, die im Dunkeln hängen

Getrocknete Knoblauchknollen lassen sich etwa ein halbes Jahr lagern, am besten kühl, damit sie nicht ganz austrocknen, dunkel, damit keine Keime wachsen, sowie luftig und trocken, damit sie nicht schimmeln. **Gut ist, sie im Keller aufzuhängen.**

Frischen Knoblauch im Gemüsefach des Kühlschranks lagern, hier hält er sich rund 2 Wochen, bevor er deutlich an Qualität verliert.

Zerkleinern – gewusst, wie

Knoblauchfans haben verschiedene Ansichten darüber, wie man die Zehen am besten zerkleinert: Zerschneiden kann man sie einfach mit dem scharfen Küchenmesser. Im Mörser sind grob geschnittene Stücke mit etwas Salz leicht zu zermalmen. Oder man legt sie auf ein mit Salz bestreutes Brett und zerquetscht sie mit der Breitseite eines größeren Messers. Es gibt natürlich auch noch die Knoblauchpressen. Doch die sind oft ein Ärgernis – mal schmerzen die Finger vom kräftigen Drücken, mal bleibt die Hälfte der Zehe im Sieb hängen. Es gibt aber etwas teurere Modelle, bei denen man sich das Pellen der Zehe sparen kann und gleichzeitig eine fast 100-prozentige Ausbeute erzielt. Egal, wie man es macht – einmal zerkleinerten Knoblauch sofort verkochen, er wird wie die Zwiebel schnell bitter.

Penetrantes Odeur

Ob Knoblauch oder auch die Zwiebel wundervoll duften oder erbärmlich stinken, daran scheiden sich nach wie vor die Geister. Ebenfalls erst beim Zerkleinern entwickelt sich der würzig-aromatische Geruch, beim Knoblauch ist er besonders intensiv. Ein Knoblauchgenuss lässt sich schwer verheimlichen, denn bereits eine Konzentration von 0,1 g Knoblauch in 1 kg Lebensmittel ist deutlich im Geschmack wahrnehmbar und wird dann auch jeden Knoblauchfan entlarven. Durch Atem und über die Haut werden die intensiven Duftstoffe wieder ausgeschieden.

NACHWIRKUNGEN Bis zu 8 Stunden nach einer Mahlzeit kann der Knoblauchesser unangenehm riechen, da manche geruchsintensiven Stoffe auch dann noch entstehen, wenn der Knoblauch verdaut wird.

Hausmittel gegen die Fahne

Pilze, Spinat, Rotwein, Beerenfrüchte, Kräuter wie Petersilie und Basilikum oder frische Milch mildern den penetranten Geruch bestenfalls ein wenig ab. Um Zwiebeln und Knoblauch etwas die Schärfe und den Geruch zu nehmen, sollte man sie erhitzen. Eine weitere Möglichkeit, den strengen Geschmack ein wenig abzumildern: Alle Laucharten nach dem Schneiden oder Hacken gründlich mit Wasser abspülen, damit die austretenden Schwefelverbindungen abgewaschen werden. Aber: Genau diese Stoffe machen das Gemüse auch so gesund.

> **Pilze, Spinat, Rotwein, Beerenfrüchte, Petersilie, Basilikum oder Milch mildern den Geruch.**

Blähbauch durch Zwiebeln

Zwiebeln enthalten Kohlenhydrate, allerdings keine Stärke, sondern sogenannte Fruktane. Der menschliche Verdauungstrakt kann diese nicht aufspalten, so gelangen sie unverdaut in den Dickdarm. Dort werden sie dann zu übelriechenden Gasen verstoffwechselt – und die sorgen für die ungeliebten Winde.

Spaghetti aglio e olio

So manch ein Gericht wäre ohne das Quantum Knoblauch eine recht langweilige Angelegenheit. So auch diese Pastavariante, bei der das Knollengewächs eine der Hauptrollen spielt. Ein richtig gutes, kalt gepresstes Olivenöl ist idealer Partner des Knofis bei dieser simplen, aber spannungsgeladenen Liaison.

Für 4 Personen

4 Knoblauchzehen
1 Bund glatte Petersilie
5 in Öl eingelegte Sardellen (insg. ca. 15 g), abgetropft
Salz
400 g Spaghetti (möglichst dicke Sorte)
5 EL qualitativ hochwertiges Olivenöl
frisch gemahlener weißer Pfeffer
1 Prise Cayennepfeffer

Zubereitungszeit ca. 20 Minuten

Die **Knoblauchzehen** ungeschält halbieren. Die **Petersilie** waschen, trocken schütteln und hacken. Die **Sardellen** hacken. • Wasser in einem großen Topf zum Kochen bringen, etwas **Salz** zugeben, die **Spaghetti** hineingeben und nach Packungsangaben al dente garen. • Inzwischen das **Olivenöl** in einer großen, hohen Pfanne oder in einem Wok bei mittlerer Hitze erwärmen – das Öl darf nicht rauchen, ideal ist eine Temperatur von 130 °C. Knoblauch, **weißen Pfeffer** und **Cayennepfeffer** dazugeben und etwa 5 Minuten unter Rühren braten. • Vom Herd nehmen, den Knoblauch aus den Schalen herausdrücken, in die Pfanne geben und mit einer Gabel fein zerdrücken. Die Pfanne wieder auf den Herd setzen, die Petersilie mit den Sardellen zugeben und verrühren. • Spaghetti in ein Sieb abgießen, dabei etwas vom Kochwasser auffangen, und kurz abtropfen lassen. Dann in die Pfanne geben, etwa 4 EL Nudelwasser darüberträufeln, vermengen und gut schwenken. • Die Spaghetti auf vier Teller geben und genießen.

Zwiebelsuppe

Die Franzosen mögen es mir verzeihen, aber ich interpretiere das legendäre französische Rezept auf meine persönliche Art. Knoblauch kommt mit in diese deftige Suppe und statt Wein verwende ich Bier als impulsive Würze.

Für 4 Personen

Für die Suppe

6 weiße Zwiebeln (ca. 600 g)
5 EL Pflanzenöl
2 EL Zucker
1–2 TL Salz
1 Prise frisch gemahlener weißer Pfeffer
2 TL getrockneter Majoran
500 ml Rinderbrühe aus dem Glas
2 Knoblauchzehen
50 ml süffiges Bier

Für den Belag

4 Scheiben Toastbrot (à 25 g)
4 dünne Scheiben junger Gouda oder Bergkäse (à ca. 30 g)

Zubereitungszeit ca. 25 Minuten plus 20 Minuten Garzeit

Für die Suppe die **Zwiebeln** schälen, halbieren und in Scheiben schneiden. • Das **Öl** in eine Pfanne oder einen Bräter geben und die Zwiebeln darin bei mittlerer Hitze 3–4 Minuten glasig dünsten – darauf achten, dass die Zwiebeln nicht bräunen und damit bitter werden. • Den **Zucker** darüberstreuen und 1–2 Minuten karamellisieren lassen. Dann mit dem **Salz** würzen – die Menge richtet sich nach der Geschmacksintensität der Rinderbrühe. Mit **weißem Pfeffer** und **Majoran** würzen, alles verrühren und mit 750 ml Wasser ablöschen. **Brühe** zugießen und etwa 20 Minuten köcheln lassen. • Inzwischen den Backofen auf 200 °C Ober-/Unterhitze vorheizen. • Für den Belag die **Toastscheiben** entrinden und mit je einer Scheibe **Käse** belegen. Auf ein Backblech setzen und im vorgeheizten Ofen goldgelb überbacken. • Die **Knoblauchzehen** schälen, in feine Scheiben schneiden und mit dem **Bier** in die Suppe geben. Vom Herd nehmen – nicht mehr kochen, nur kurz ziehen lassen, damit die gesunden Inhaltsstoffe des Knoblauchs erhalten bleiben. • Die Zwiebelsuppe in vier tiefe Teller oder Suppentassen füllen, je einen Käsetoast darauflegen und servieren.

WARENKUNDE

Senf und Gewürze

Gewürze gehören immer schon zum Essen. Seitdem der Mensch kocht, versucht er, seine Mahlzeiten mit Kräutern, Wurzeln, Blüten und Rinden zu veredeln. Schon in der Antike importierten Händler Gewürze unter anderem aus Asien und Arabien nach Europa. Manche Gewürze wurden dabei zu wahren Superstars der Küche und waren wie beispielsweise der Pfeffer so kostbar, dass sie mit Gold aufgewogen wurden. Zum Glück sind sie heute erschwinglicher, denn eine gute Küche ist ohne sie nicht vorstellbar.

GEWÜRZE KAUFEN UND LAGERN

Gewürze voller Geschmack

- Falls möglich, kaufen Sie Gewürze ungemahlen und verarbeiten sie dann erst kurz vor dem Genuss selbst. So bleibt das Aroma am besten, teilweise über Jahre hinweg, erhalten. Gewürzmühlen und Mörser sind schon für kleines Geld zu haben. **Auch Kaffeemühlen eignen sich zum Mahlen von Gewürzen.**
- Ob ein Gewürz noch in Ordnung ist, erkennen Sie am Geruch. Zerreiben Sie eine Prise zwischen den Fingern. Riecht das Gewürz aromatisch und nicht muffig, wird es auch in der Mahlzeit ein gutes Aroma entfalten.
- Gewürze sollten trocken und nicht klumpig sein.
- Alle Farben sollten kräftig sein – ausgeblichene Gewürze haben Aroma eingebüßt.
- Lagern Sie die Gewürze trocken, kühl und dunkel und möglichst luftdicht.

> **Gewürze immer frisch mahlen, so bleibt das Aroma am längsten erhalten.**

> **Trocken, kühl, dunkel und so luftdicht wie möglich lagern.**

ACHTUNG, WASSERDAMPF! Auch wenn es praktisch ist, sollten Sie Ihr Gewürzregal nicht neben dem Herd aufhängen. Hitze und aufsteigende Dämpfe verkleben die Gewürze und verderben das Aroma. Deshalb gilt auch: Mit der Gewürzdose nicht direkt über dem Kochtopf hantieren, sondern die Gewürze in die Handfläche schütten und dann in das Gericht geben.

Gewürze, Mischungen, Zubereitungen

Neben sortenreinen Gewürzen bietet der Handel folgende Produkte an:

- Gewürzmischungen wie Curry, Gulaschgewürz oder Lebkuchengewürz. Sie werden aus verschiedenen Gewürzen zusammengemischt.
- **Gewürzzubereitungen enthalten neben Gewürzen weitere Zutaten wie Stärke, Zucker oder Geschmacksverstärker.** Immerhin 60 Prozent reine Gewürze müssen enthalten sein.
- Gewürzsalze sind Mischungen aus Gewürzzubereitungen und Speisesalz.
- Gewürzaromen bestehen aus Aromaextrakten und natürlichen Aromen.

Gewürze einfrieren

Gewürze werden zwar nicht unbedingt schlecht, büßen aber schnell Aroma ein. Dem lässt sich ganz einfach vorbeugen: **Füllen Sie die Hälfte Ihres frisch gekauften Gewürzes in eine kleine Gefriertüte oder -dose um und frieren Sie sie ein.** Ist die andere Hälfte verbraucht, nehmen Sie das eingefrorene Gewürz aus dem Gefrierfach und freuen sich über den frischen Geschmack.

Problematische Inhaltsstoffe

Gewürze gelten wegen der Inhaltsstoffe als gesund, manche von ihnen sind sogar als Heilmittel anerkannt. Meldungen über Schadstoffbelastungen oder Verunreinigungen verunsichern die Verbraucher allerdings immer wieder. Gewürzanbieter kontrollieren ihre Produkte umfassend auf Pestizidbelastung, bakterielle Verunreinigungen und Schimmelpilzgifte. Trotz mehrfacher Proben kann dennoch verunreinigte Ware in den Handel gelangen, da durch die großen Importmengen nur Stichproben möglich sind. **Vom exzessiven Verzehr von Gewürzen wird daher generell abgeraten.**

PFEFFER UND SALZ

Große, bunte Pfefferwelt

Alle Pfeffersorten stammen von einer einzigen Pflanze ab. **Scharf, fruchtig, blumig, frisch, grasartig oder einfach typisch pfeffrig: So unterschiedlich können jedoch die Geruchs- und Geschmackserlebnisse beim Genuss von Pfeffer sein.** Ob als Korn oder vorgemahlen – die meisten Verbraucher nutzen zum Würzen ihrer Speisen schwarzen Pfeffer. Experimentierfreudigere wagen sich an weißen, roten oder grünen Pfeffer. Probieren Sie sich in einem Gewürzfachgeschäft einmal durch das Sortiment – Sie werden staunen, wie unterschiedlich Pfeffer schmecken kann!

Salz = Natriumchlorid

Es verfeinert die natürlichen Aromen und verleiht die richtige Würze. **Salz ist zudem lebensnotwendig für den menschlichen Körper.** Es besteht aus Natrium und Chlorid. Der chemische Name für unser Kochsalz lautet daher auch Natriumchlorid.

Ultimatives Geschmackserlebnis?

Die Auswahl an Speisesalzen ist enorm. Ob weiß, rosa oder schwarz, Trendsalze wie Hawaii- oder Lavasalz versprechen das ultimative Geschmackserlebnis. Wer sich selbst eine Meinung bilden will, sollte verschiedene Salze verkosten. **In der Tat nimmt man dezente geschmackliche Unterschiede wahr, auch die Konsistenz variiert.** Der Salzgeschmack ist bei manch einem Produkt ausgesprochen mild.

Ist das Luxussalz gesünder?

Ernährungsexperten sagen: Salz besteht immer zu etwa 97 Prozent aus Natriumchlorid. Der Anteil an gesunden Mineralstoffen oder Spurenelementen beläuft sich also auf rund 3 Prozent. **Diese Menge ist zu gering, um einen bedeutenden positiven Einfluss auf den Körper zu haben** – denn mehr als 6 g Salz sollte man am Tag ohnehin besser nicht essen.

Meersalz

Fleur de Sel = Meersalz.

Dieses Salz erfreut sich immer größerer Beliebtheit. Es wird in sogenannten Salzgärten beziehungsweise Salinen gewonnen. Das sind künstlich angelegte Becken, in denen durch Sonne, Wind und Wärme Meerwasser verdunstet. Dabei lagert sich grobes Meersalz ab. An der Wasseroberfläche bilden sich auch feine Salzkristalle, die berühmten Salzblüten, auch Fleur de Sel genannt. **Fleur de Sel gilt als besondere Spezialität. Es wird per Hand geerntet und ist deshalb teurer als das einfache Meersalz.**

Steinsalz

Dieses Salz wird in den meisten Fällen schichtweise abgebaut. Es kommt unterirdisch in 2 bis 30 Meter dicken Salzschichten vor. Vor Millionen Jahren sind diese Schichten beim Austrocknen von Ozeanen entstanden. Der Handel bietet auch unraffinierte Natursalze an. Ob das Steinsalz behandelt wurde, muss auf der Verpackung angegeben werden. Das rosafarbene Himalaya-Salz ist ebenfalls ein Steinsalz. Die Farbe erhält es durch den hohen Eisenanteil.

Welche Senfsorten gibt es?

Wie scharf ein Senf ist, hängt vom Verhältnis aus gelber und brauner Senfsaat in der Rezeptur ab. Die gelbe Saat ist relativ mild, braune Saaten sind schärfer. Ebenso hat der Mahlgrad Einfluss auf das Produkt. Am gängigsten ist der feine Delikatess- oder Tafelsenf, der mild oder mittelscharf für alle gut zu essen und vor allem auch zur Wurst oder in Senfsaucen sehr beliebt ist. Die scharfe Variante hat es in sich, die ist was für Fortgeschrittene. Der französische Dijonsenf zählt unter anderem dazu. **Körniger Senf enthält, wie der Name schon sagt, noch mehr oder weniger nicht gemahlene, sondern nur gequollene Senfsaat.** Süßer Senf, zu denen der bayerische Senf zählt, hat meist auch ganze Körner und wird mit Zucker oder Honig abgerundet.

> **Traditionelle Herstellung**
> Für seine Herstellung wird Senfmehl mit Wasser, Essig, Salz und Gewürzen vermischt. Die so gewonnene Maische lässt man ein paar Stunden reifen beziehungsweise fermentieren, um sie dann nochmals zu vermahlen. Dann reift das – **in Deutschland immer ohne Konservierungsstoffe hergestellte** – fertige Senfprodukt 1–2 Tage, bevor es abgefüllt wird.

Scharf ist gesund!

Das Senföl macht den Senf so scharf. Der positive Effekt auf den Körper: Schärfe wirkt anregend! **Der Kreislauf und auch die Verdauung kommen in Schwung!** Besonders fettige, schwere Speisen sind mit ein wenig Schärfe, zum Beispiel vom Senf, zudem besser zu verdauen. Schärfestoffe wirken außerdem antibakteriell und können helfen, Infekten vorzubeugen. Menschen mit Bluthochdruck oder einem empfindlichen Magen-Darm-Trakt sollten auf scharfes Essen lieber verzichten.

> **Durch die Schärfe wird der Kreislauf angeregt und die Verdauung kommt in Schwung.**

Die letzten Löffel Senf im Glas

Wer kennt das nicht: Gerade bei Gläsern, die oben enger sind, kommt man einfach nicht an die verflixten Reste. Eine Lösung: **Machen Sie Salatsauce direkt im Glas!** Geben Sie 4 EL Rotweinessig, 6 EL Sonnenblumenöl, ¼ TL Salz, etwas Pfeffer und 3 EL Honig oder auch die Zutaten für Ihre persönliche Lieblingssauce ins Senfglas, schrauben Sie es zu und schütteln es kräftig, bis Sie ein cremiges Dressing haben.

> **Salatsauce in Senfglas anrühren. So haben Sie auch den letzten Rest verwertet.**

> **Gut haltbar im Steinguttopf**
> Senf ist generell gut haltbar, **in einem traditionellen glasierten Steinguttopf hält er bis zu 2 Jahre.** Diese Töpfe können bei Zimmertemperatur aufbewahrt werden und müssen nach Anbruch nicht in den Kühlschrank. Wichtig: Immer saubere Holzlöffel verwenden!

Rinderfilet in Salzkruste

Als wäre so ein Filet nicht schon einfach gebraten ein Traum, setzt dieses Rezept noch mal einen drauf. Sel gris ist ein naturreines, etwas feuchtes, grobkörniges graues Meersalz aus der Bretagne. Durch den Salzmantel bleibt das Fleisch besonders saftig und bewahrt vollständig seinen aromatischen Geschmack. Als Beilage empfehle ich Ofenkartoffeln und Spinat.

Für 2 Personen

Für das Fleisch

2 Eiweiß (Größe L)
1 kg leicht feuchtes Meersalz (z. B. Sel gris)
400 g Rinderfilet aus dem Mittelstück
frisch gemahlener schwarzer Pfeffer
2 Zweige Thymian
1 Zweig Rosmarin
6 dünne Scheiben fetter Speck (weißer Speck; am besten ungeräuchert)

Für den Spinat

500 g frischer Blattspinat
1 EL Olivenöl
Salz
frisch gemahlener schwarzer Pfeffer

Außerdem

Fleischthermometer (falls vorhanden)

Zubereitungszeit ca. 15 Minuten plus 30–35 Minuten Garzeit

Den Backofen auf 180 °C Umluft vorheizen. • Für das Fleisch das **Eiweiß** steif schlagen und mit dem **Sel gris** vermengen. • Das **Rinderfilet** mit **Pfeffer** bestreuen. Eine ofenfeste Pfanne ohne Fettzugabe erhitzen, das Fleisch darin bei hoher Hitze 1–2 Minuten rundum scharf anbraten und aus der Pfanne nehmen. • **Thymian** und **Rosmarin** waschen, trocken schütteln, Nadeln und Blätter abzupfen und hacken. Das Fleisch rundum damit bedecken. Dann mit den **Speckscheiben** vollständig und dicht abdecken und wieder in die gleiche Pfanne setzen. • Rundum mit der Salz-Eiweiß-Mischung bedecken und im vorgeheizten Ofen 30–35 Minuten garen – das ungewaschene graue Meersalz hat eine hohe Restfeuchtigkeit und gibt diese beim Backen ans Fleisch ab. Falls ein Fleischthermometer zur Hand ist, den Gargrad prüfen. Die Kerntemperatur sollte bei 56 °C liegen. • Etwa 10 Minuten vor Ende der Garzeit den **Spinat** verlesen und waschen. Das **Olivenöl** in einem großen Topf erhitzen. Den Spinat tropfnass zugeben, mit **Salz** und **Pfeffer** würzen, den Deckel aufsetzen und bei mittlerer Hitze 2–3 Minuten dünsten. Vom Herd nehmen. • Die Pfanne aus dem Ofen nehmen. Die Salzkruste aufbrechen und das Filet in dicke Scheiben schneiden. • Den Spinat auf zwei Teller verteilen. Das Filet vom Speckmantel befreien, dabei darauf achten, dass das Fleisch nicht in Kontakt mit dem Salz kommt, auf dem Spinatbett anrichten und servieren – nicht nachwürzen. Durch den Salzmantel bleibt das Fleisch saftig und bewahrt seinen Eigengeschmack, es schmeckt nur ganz leicht salzig und sehr aromatisch.

Eier mit Senf-Kräuter-Sauce und Salzkartoffeln

Mit diesem Rezept lernen Sie meine Lieblingssenfsauce kennen: ganz grün und kräuterig, aber auch wunderbar cremig. Dazu gute Eier, leckere Kartoffeln – und schon ist Wohlfühlen angesagt.

Für 4 Personen

Für Eier und Kartoffeln

8 Bioeier (Größe M)
1 kg festkochende Kartoffeln
Salz

Für die Sauce

1 Zwiebel
1 EL Butter
2 EL Weizenmehl (Type 405)
600 ml kalte Gemüsebrühe
150 g Sahne
1 EL gekörnter Senf aus Frankreich (z. B. Pommery-Senf)
1 EL Senf (z. B. Monschauer Ursenf)
2 EL Branntweinessig
1 Prise frisch geriebene Muskatnuss
Salz
frisch gemahlener weißer Pfeffer
1 Bund Kräutermischung für Frankfurter Grüne Sauce (bestehend aus Kerbel, Borretsch, Pimpinelle, Sauerampfer, Petersilie, Schnittlauch und Kresse)
100 ml Milch (3,5 % Fett)

Zubereitungszeit ca. 35 Minuten

Die **Eier** in einen Topf geben, mit Wasser bedecken und zum Kochen bringen. Bei mittlerer Hitze 8 Minuten hart kochen. Dann die Eier abgießen, kalt abschrecken und schälen. Beiseitestellen. • Für die Sauce die **Zwiebel** schälen und würfeln. Die **Butter** in einem Topf erhitzen und die Zwiebel darin bei mittlerer Hitze 2–3 Minuten anschwitzen. Mit dem **Mehl** bestäuben und unter Rühren kurz mitschwitzen. Mit der **kalten Brühe** ablöschen, die **Sahne** zugießen und etwa 15 Minuten köcheln lassen. • Während der Kochzeit die **Kartoffeln** schälen, in einen Topf geben, knapp mit Wasser bedecken und zum Kochen bringen. Etwas **Salz** zugeben und je nach Größe 18–20 Minuten kochen, bis die Kartoffeln gar sind. • Die Saucenmischung mit dem Stabmixer glatt pürieren. Dann beide **Senfsorten, Essig** und **Muskatnuss** zugeben und mit **Salz** und **Pfeffer** abschmecken. Den Herd auf niedrigste Hitze stellen, die gekochten Eier in die Sauce geben und warm ziehen lassen. • Die **Kräuter** waschen und trocken schütteln. Einige Kräuterstängel beiseitelegen, die restlichen Kräuter mit der **Milch** in den Standmixer geben und glatt mixen. Die Kräutermilch in die Senfsauce rühren – nicht mehr kochen! • Die Kartoffeln abgießen und kurz ausdämpfen lassen. Auf vier Teller verteilen, je zwei Eier mit der Senf-Kräuter-Sauce daneben anrichten, mit den beiseitegelegten Kräutern garnieren und genießen.

WARENKUNDE

Essig und Öl

Essig und Öl machen einen schnöden Salat im Nu zu einer Delikatesse. Aber auch im Alleingang haben die beiden einiges zu bieten. Essig würzt und konserviert Speisen und macht auch Hülsenfrüchte bekömmlicher. Speiseöle sind Alleskönner in der Küche und wahre Gesundheitselixiere.

SPEISEÖL – NATIV ODER RAFFINIERT

Kleine Einführung in die Welt der Öle

Es gibt unzählige verschiedene Öle, jedes hat seinen eigenen Charakter. Das eine ist laut und polterig, das andere ruhig und elegant, es kann aber auch etwas langweilig zugehen. Die bekannten Klassiker in unserer Küche sind Olivenöl, Sonnenblumenöl und Rapsöl. Speiseöle lassen sich grob in folgende Gruppen einteilen:

- **Aus Samen** hergestellt, zum Beispiel Leinöl, Distelöl, Rapsöl
- **Aus Keimen** hergestellt, zum Beispiel Maiskeimöl
- **Aus Kernen** hergestellt, zum Beispiel Sonnenblumen-, Kürbiskern-, Traubenkernöl
- **Aus der gesamten Frucht** hergestellt, zum Beispiel Olivenöl, Avocadoöl

> **WAS STEHT AUF DEM ETIKETT?** Ist das Öl als Pflanzenöl ausgewiesen, muss nicht weiter deklariert sein, um welche Ölsorte es sich handelt. Steht auf der Flasche allerdings Sonnenblumen-, Raps- oder Olivenöl, müssen mindestens 97 Prozent aus dem Öl dieser Pflanzen stammen.

Nativ oder raffiniert – was bedeutet das?

Native Speiseöle sind nicht wärmebehandelt. Zerkleinerte, geschälte oder ungeschälte Saat wird gepresst oder zentrifugiert. Trübstoffe werden teilweise durch Filtern entfernt. **Durch diese kalte Pressung behalten die Öle eine intensive Farbe und ein ausgeprägtes Aroma** – und alle gesunden Vitalstoffe und Fettsäuren. Auf dem Etikett steht „nativ" oder „kalt gepresst".

Raffinierte Speiseöle werden im Gegensatz zu nativen Ölen warm gepresst. Die Ölproduzenten entsäuern und bleichen die Saat durch Heißwasser, Natronlauge, Säuren oder Dampf. Dadurch entfernen sie unerwünschte Bestandteile der Saat oder auch unangenehme Aromen. **Das Öl lässt sich nach dieser Behandlung in der Küche höher erhitzen, länger lagern und ist relativ geschmacksneutral.** Allerdings hat es auch deutlich weniger gesunde Inhaltsstoffe.

Speiseöl richtig lagern

Es empfiehlt sich, die Öle dunkel und nicht zu warm zu lagern. **Dunkle Glasflaschen sind daher besser geeignet als durchsichtige,** denn nicht nur die ungesättigten Fettsäuren, auch das im Öl enthaltene Vitamin E ist lichtempfindlich. Besonders empfindlich sind Lein-, Kürbiskern- oder Walnussöl. Sie stellt man am besten in den Kühlschrank und verbraucht sie zügig. Am besten macht man das auch mit anderen kalt gepressten Ölen, sie kann man aber geöffnet durchaus ein paar Monate aufheben. Flockt das Öl im Kühlschrank aus, mindert das nicht die Qualität. **Raffinierte Öle sind länger haltbar, nach dem Öffnen durchaus ein halbes Jahr.**

> **Öle sollten dunkel und nicht zu warm gelagert werden.**

> **Lein- und Walnussöl sind sehr empfindlich und sollten in den Kühlschrank.**

> **WANN IST EIN ÖL VERDORBEN? Riecht das Öl stechend, ranzig oder muffig, sollte man es im Abfall entsorgen.** Um sicherzugehen, kann man auch einen Tropfen probieren: **Ist es untypisch bitter, dann nicht mehr verzehren.** Aber Achtung: Manche Oliven- oder Nussöle sind von Natur aus etwas bitter.

KÜCHENTIPPS FÜR ESSIG UND ÖL

Öle mit ungesättigten Fettsäuren wie Olivenöl beginnen bei niedriger Temperatur (130–180 °C) zu rauchen.

Braten mit Öl

Beim Braten mit Öl können gesundheitsgefährdende und sogar krebserregende Stoffe entstehen. **Gefährlich wird es erst, wenn das Öl eine bestimmte Temperatur erreicht hat und anfängt zu rauchen.** Diesen Moment nennt man Rauchpunkt. Nicht alle Speiseöle verhalten sich gleich. Kalt gepresste Öle, die reich an ungesättigten Fettsäuren sind, fangen bereits bei relativ niedrigen Temperaturen (zwischen 130 und 180 °C) an zu rauchen. Raffinierte Öle, zum Beispiel raffinierte Raps- oder Sonnenblumenöle, erreichen erst bei höheren Temperaturen (über 200 °C) diesen Punkt.

Nicht mit der Hitze übertreiben

Wer etwas scharf anbraten, also das Öl sehr hoch erhitzen möchte, sollte auf raffiniertes Öl zurückgreifen. Aber die meisten Lebensmittel müssen gar nicht so heiß angebraten werden. Für das Anbraten eines Steaks reichen 160 bis 170 °C völlig aus, auch Gemüse soll ja nicht verkohlt werden. Da das Bratgut Hitze aufnimmt, erreicht das Öl zudem langsamer den Rauchpunkt. Im Alltag wird der Rauchpunkt deshalb selten erreicht.

Was tun, wenn's qualmt?

Raucht das Öl stark und nehmen Sie einen stechenden, ungewohnten Geruch wahr, unterbrechen Sie den Bratvorgang – Pfanne oder Topf vom Herd nehmen und auskühlen lassen. Bratgut herausnehmen und in einer anderen Pfanne weitergaren.

> **WICHTIG!** Das rauchende Öl niemals mit Wasser ablöschen! Es besteht große Spritz- und Verbrennungsgefahr! Pfanne einfach zur Seite stellen oder kaltes Öl hinzugießen.

Alles Essig

Ob in der Salatsauce, zum Abrunden der Linsensuppe oder zum Einlegen: Essig ist ein altes Mittel zum Würzen und Konservieren. Alkohol, Sauerstoff und Bakterien – das sind die drei Zutaten, die für eine Essigherstellung unverzichtbar sind. Grundsätzlich eignet sich jeder Alkohol zur Herstellung von Essig – je hochprozentiger, desto saurer und stabiler wird er. Manch ein Essig ist ungeöffnet nahezu unbegrenzt haltbar, daher muss auf den Flaschen auch kein Mindesthaltbarkeitsdatum abgedruckt sein. Auch in geöffneten Flaschen halten die meisten Essige sehr lange, erst wenn ein untypisch stechender oder muffiger Geruch auftritt und eventuell sogar Schimmelbefall, sollte man den Essig entsorgen.

> **ABLAGERUNGEN IN DER FLASCHE?** Entdeckt man eine glibberige, fadenziehende Masse in der Flasche, dann hat sich die sogenannte Essigmutter abgesetzt. Sie ist absolut ungefährlich und kann einfach entfernt werden, indem man den Essig durch ein feines Sieb oder einen Kaffeefilter kippt.

Woraus wird Essig gemacht?

Weinessig wird auf Grundlage von Rot- oder Weißwein hergestellt. **Sherry-Essig** entsteht durch Fassgärung von jungem Sherry. **Branntweinessig** wird durch die Vergärung von Branntwein gewonnen. Er ist geschmacks- und geruchsneutral und eignet sich deswegen besonders zum Einmachen von Obst und Gemüse.

Obstessig kann als Grundlage Branntweinessig haben, der mit Obst aromatisiert wird. Es gibt jedoch auch Obstessig, der aus vergorenem Obstsaft hergestellt wird. Der wohl bekannteste Obstessig ist Apfelessig. Ob der Obstessig aus vergorenem Saft stammt, erkennt man an der Zutatenliste. Wird nichts weiter aufgeführt als Apfelessig, stammt der Essig aus vergorenem Apfel.

Aceto balsamico – das Original

Mit seinem vollmundigen, sauer-süßen Aroma ist „Aceto balsamico Tradizionale di Modena“ zweifellos der König unter den Essigen. Die dunkle Würze aus eingekochtem Traubenmost reift mindestens 12 Jahre im Holzfass und hat einen entsprechend hohen Preis. Der Feinschmeckeressig muss in der Umgebung von Modena oder in der Provinz Reggio Emilia in Italien aus regionalen Trauben gemacht sein.

Günstige Industrieware

Preisgünstige Balsamico-Varianten sind als „Aceto balsamico di Modena“ überall zu finden. Schauen Sie aufs Etikett: Diese Essige sind häufig künstlich mit Zucker, Karamell, Wasser, Aromastoffen, Konservierungsstoffen oder Farbstoffen aufgepeppt. Wertvoller Traubenmost ist oft nur in geringeren Mengen enthalten. Auch die Lagerzeit ist deutlich kürzer. Es sind Industrieprodukte, die vom Image des „Traditionale“ leben.

Einfach nur Balsamessig

Aceto balsamico oder Balsamessig unterliegt keinen Regelungen hinsichtlich der Zusammensetzung oder der Herkunft. Diese Essige müssen aber qualitativ nicht schlecht sein – ganz im Gegenteil. Auch in diesem Segment gibt es viele teure und hochwertige Essige, die meist Mischungen aus Traubenmost und Weinessig sind.

Weißer Balsamico

Der „Condimento bianco“ wird aus hellen Trauben, Weinessig und Traubenmost hergestellt. Der Most wird hier nur mit niedriger Temperatur eingekocht, um ein dunkle Färbung zu verhindern. Auch für den weißen Balsamessig gibt es keine Regularien hinsichtlich der Zutaten.

Würzöle und Mayonnaise

Ergibt jeweils ca. 200 ml Zubereitungszeit jeweils ca. 10 Minuten plus mind. 24 Stunden zum Aromatisieren

Knoblauch-Chili-Öl
½ Knoblauchknolle
2 frische rote Chilischoten
200 ml Olivenöl

Die **Knoblauchknolle** ungeschält in so kleine Stücke schneiden, dass sie sich in eine Flasche drücken lässt. Die **Chilischoten** waschen, gut trocknen, längs halbieren, entkernen und in die Flasche geben. Dann das **Olivenöl** zugießen, gut verschließen und mindestens 24 Stunden ziehen lassen. Knoblauch und Chili kann man im Öl belassen. – Passt besonders gut zu Nudeln oder auf Pizza.

Limettenöl
1 Biolimette
200 ml Olivenöl

Die **Biolimette** abwaschen und trocken reiben. Die Schale mit einem scharfen Messer dünn abschälen und darauf achten, dass so wenig weiße Haut wie möglich mit abgeschnitten wird, denn diese schmeckt bitter. Limettenschale in eine Flasche füllen und das **Olivenöl** zugießen. Gut verschließen und mindestens 24 Stunden ziehen lassen. Die Limettenschale kann man im Öl belassen, vor allem, wenn Sie das Würzöl verschenken wollen. – Passt besonders gut zu Carpaccio oder zum Verfeinern von Garnelen.

Pfefferöl
1 TL Szechuanpfefferkörner
1 TL schwarze Pfefferkörner
1 TL Tasmanische Pfefferkörner
200 ml Olivenöl

Alle **Pfefferkörner** zusammen im Mörser zerdrücken, dabei nicht zu fein mörsern, nur so viel, dass die Körner ihre Aromen entfalten – das kann man riechen. Gemörserte Pfefferkörner mithilfe eines Trichters in eine Flasche füllen und das **Olivenöl** dazugießen. Gut verschließen und mindestens 24 Stunden ziehen lassen. Falls gewünscht, den Pfeffer durch einen feinen Filter aus dem Öl sieben. Auf diese Weise hält sich das Öl länger. – Zum Marinieren von Grillgerichten und zum Abschmecken von Tomatensalat.

Mayonnaise
2 Eigelb (Größe M)
1 EL Senf
300 ml Rapsöl
1 EL Weißweinessig
1 EL Zucker
3 EL Tomatenketchup
Salz
frisch gemahlener schwarzer Pfeffer

Ergibt ca. 400 ml Zubereitungszeit ca. 5 Minuten
Das **Eigelb** in einen hohen Mixbecher geben. Dann den **Senf** dazugeben und das **Öl** langsam eingießen, sodass das Eigelb am Becherboden nicht aufgewirbelt wird. **Essig** und **Zucker** hinzufügen, den Stabmixer vorsichtig am Becherboden aufsetzen und erst dann auf volle Leistung einschalten. Unter Mixen langsam hochziehen, bis eine homogene Masse entstanden ist. Den **Ketchup** unterrühren und mit **Salz** und **Pfeffer** abschmecken. Bei Mayonnaise gilt: Je mehr Öl Sie hinzugeben, desto fester wird sie.

Mayonnaise ohne Ei
3 EL Naturjoghurt (3,5 % Fett)
½ EL Senf
2 EL Kräuteressig
1 TL Worcestersauce
400 ml Rapsöl
1 EL gehackter Kerbel
1 EL gehackter Estragon
Salz
frisch gemahlener weißer Pfeffer

Ergibt ca. 500 ml Zubereitungszeit ca. 5 Minuten
Joghurt, Senf, Essig und **Worcestersauce** in einen hohen Mixbecher geben, dann das **Öl** hineingießen, den Stabmixer am Becherboden aufsetzen und erst dann auf volle Leistung einschalten. Unter Mixen langsam hochziehen, bis eine homogene Masse entstanden ist. Dann die **Kräuter** einrühren und mit **Salz** und **Pfeffer** abschmecken.

Pfefferöl
Limettenöl
Mayonnaise
ohne Ei
Knoblauch-
Chili-Öl
Mayonnaise

Sauerbraten vom Rind

Es wird lecker, versprochen! Aber diese besondere Spezialität zuzubereiten, erfordert eine gehörige Portion Geduld, denn das Fleisch muss zunächst in einer würzigen Essigbeize mehrere Tage marinieren. Ich weiß, man kann es kaum erwarten, den leckeren Bratenklassiker zu genießen, aber es muss einfach sein – für den vollen Genuss. Als Beilage eignen sich Rotkohl, Kartoffeln oder Kartoffelklöße.

Für 4 Personen

Für die Beize

250 ml Branntweinessig
250 ml Weißweinessig
1 EL helle Senfsaat
1 EL Wacholderbeeren
1 Prise Zucker

Für den Sauerbraten

1 kg Rinderbraten (z. B. Tafelspitz als edle Variante; alternativ andere Stücke aus Bug oder Keule)
4 rote Zwiebeln
¼ Sellerieknolle (ca. 150 g)
1 große Karotte (ca. 100 g)
2–3 EL Rapsöl
300 ml Rotwein
600 ml Bratenfond aus dem Glas
1 Handvoll Wacholderbeeren
2 Lorbeerblätter
1 Prise frisch gemahlener weißer Pfeffer
1 Handvoll Trockenbeeren (z. B. Sauerkirschen, Cranberrys oder Rosinen)
1–2 TL Speisestärke
2 TL Balsamico-Essig (nach Belieben)
gehackte glatte Petersilie zum Garnieren

Zubereitungszeit ca. 20 Minuten plus 1 Woche Marinierzeit und ca. 2 Stunden Garzeit

Für die Beize alle **Zutaten** mit 375 ml Wasser in eine große Schüssel geben und vermischen. • Für den Sauerbraten das **Fleisch** in die Beize legen, abdecken und etwa 1 Woche im Kühlschrank marinieren, dabei das Fleisch gelegentlich im Sud wenden. • Die Beize abgießen, dabei ein bis zwei Kellen (etwa 100 ml) davon aufbewahren. Die **Zwiebeln** schälen und klein würfeln. Den **Sellerie** schälen, waschen und klein schneiden. Die **Karotte** schälen und grob in Stücke schneiden. • Das **Rapsöl** in einem großen Topf oder Bräter erhitzen und das Fleisch darin bei mittlerer bis hoher Hitze 2–3 Minuten anbraten. • Das Fleisch wenden, das vorbereitete Gemüse an den Bräterrand geben und unter gelegentlichem Rühren mitbraten. Wenn es schön gebräunt ist, mit dem **Rotwein** ablöschen. • **Bratenfond** und aufbewahrte Beize zugießen, **Wacholderbeeren** und **Lorbeerblätter** hinzufügen und mit **weißem Pfeffer** würzen. Den Deckel aufsetzen und bei mittlerer Hitze etwa 2 Stunden garen. • Nach der Garzeit den Braten auf ein Holzschneidebrett setzen. Das Gemüse mit dem Garsud durch ein Sieb in einen anderen Topf passieren. Die **Trockenbeeren** in die Sauce geben und einmal aufkochen lassen. Währenddessen den Braten in Scheiben schneiden. • Die **Speisestärke** in 2 EL kaltem Wasser anrühren, zum Binden in die Sauce rühren und einmal aufkochen. Nach Belieben mit dem **Essig** verfeinern und die Fleischscheiben kurz in den Topf legen, um sie mit der Sauce zu benetzen. • Die Sauerbratenscheiben auf einer Platte anrichten, dann mit der restlichen Sauce aus dem Topf überziehen, mit **Petersilie** garnieren und servieren.

Tomaten

Tomaten sind das beliebteste Gemüse in Deutschland. Und das zu fast jeder Jahreszeit. Über 25 kg isst jeder Deutsche pro Jahr. Ob im Salat, als Sauce oder auf dem Grill – sie passen einfach immer und überall. Tomaten sind natürlicher Geschmacksverstärker und leckere Fitnesskost. Dabei galten sie bis ins 20. Jahrhundert hinein in Deutschland als Zierpflanze – unvorstellbar!

Gesunde Vielfalt

Die Sortenvielfalt bei Tomaten ist riesig. Die Früchte unterscheiden sich zum Beispiel in der Größe. So gibt es johannisbeergroße Sorten wie Tomberry und Ochsenherztomaten, die fast 500 g schwer werden können. Und auch farblich gibt es eine schier unbegrenzte Auswahl: klassische Rottöne, Orange, Grün, Gelb, Schwarz, aber auch gestreifte Sorten wie Tigerella oder Green Zebra. Immer neue Züchtungen kommen auf den Markt, mit ihren speziellen Eigenschaften sind sie in der Küche unterschiedlich einsetzbar. Die ovalen Eiertomaten eignen sich zum Beispiel besonders gut für Saucen, da sie wenig Kerne enthalten. Cherry- oder Kirschtomaten sind besonders süß, einfach zu essen und eignen sich als gesunder Snack.

WO FINDET MAN VERRÜCKTE SORTEN? Wer das Außergewöhnliche liebt, sollte auf Bauernmärkten und in spezialisierten Gärtnereien nach sogenannten alten Sorten Ausschau halten. Sie eignen sich nicht für den kommerziellen Anbau, überraschen aber oft mit einem ganz besonderen Aroma.

Herkunft: Holland und Spanien

In freier Wildbahn kommen Tomaten in Europa nicht vor, sie müssen kultiviert werden. Die meisten im deutschen Handel erhältlichen Tomaten werden aus den Niederlanden importiert, gefolgt von Spanien. Bei frischen Tomaten muss das Herkunftsland angegeben werden. Tomaten werden meist im Treibhaus gezogen und schmecken dann in der Regel das ganze Jahr über gleich. An das Aroma von in der Sonne gereiften Tomaten kommen sie aber schwerlich heran. Neue Hybridsorten sollen mit einer deutlich süßen Note dafür sorgen, dass Treibhausware geschmacklich mithalten kann.

> **In Deutschland erhältliche Tomaten werden meist aus den Niederlanden oder Spanien importiert.**

Die perfekte Tomate

Beim Kauf sollte man darauf achten, möglichst frische Tomaten zu erstehen. **Eine gute Tomate hat eine straffe Haut, fühlt sich fest an** – weiche Früchte lagern bereits zu lange – und hat keine Druckstellen. Früchte mit Fäulnisstellen oder sichtbarem Schimmel sollten keinesfalls gekauft werden. Vertrauen Sie auf Ihre Nase: Eine reife Tomate duftet intensiv und aromatisch. Fehlt der typische Tomatengeruch, können Sie davon ausgehen, dass auch der Geschmack fade sein wird.

Strauchtomaten

Strauchtomaten sind meist länger haltbar, da die Frucht weiterhin über den Stiel mit Nährstoffen versorgt wird. Wird sie noch mit Strunk und Blättern verkauft, sollten diese von frischem Grün, nicht verwelkt oder eingetrocknet sein.

TOMATEN SCHLAU VERARBEITEN

Tomaten häuten: Am Blütenansatz einschneiden und wenige Minuten in kochendes Wasser legen, danach kalt abschrecken.

Tomaten häuten

Die herkömmliche Art, die Haut zu entfernen, ist, die Tomate am Blütenansatz kreuzweise einzuschneiden, 1 Minute in kochendes Wasser zu legen und dann kalt abzuschrecken. Die Schale lässt sich dann fast wie von selbst mit einem Messer abziehen.

> **TIPP: HÄUTEN OHNE BLANCHIEREN** Schneller geht es so: Möglichst große Tomaten halbieren und mit den Schnittflächen auf der groben Seite einer Küchenreibe hoch- und runterbewegen. Man erhält eine feine Tomatenmasse und die platt gedrückte Schale bleibt in der Hand zurück. Dafür platziert man die Reibe am besten in einer Schüssel.

Grüne Tomaten einzeln in Papier wickeln. Sie können bei einer Raumtemperatur von 18 bis 20 °C nachreifen.

Grüne Tomaten nachreifen lassen

Im Herbst befindet sich oft noch eine nicht unerhebliche Menge grüner Tomaten an den Pflanzen im eigenen Garten. Die verminderte Sonnenwärme genügt dann nicht mehr, um sie reifen zu lassen. Wegwerfen muss man sie aber deshalb nicht: **Pflückt man sie und wickelt sie einzeln in Papier, können sie bei einer Raumtemperatur von 18 bis 20 °C in wenigen Tagen nachreifen.** Beschleunigen kann man diesen Vorgang, indem man einen Apfel dazulegt – das von ihm ebenfalls verströmte Reifegas Ethylen sorgt dafür, dass die Tomaten schneller reif werden.

Tomaten von anderem Obst oder Gemüse fernhalten! Sie verströmen das Reifegas Ethylen, das Umliegendes schneller reifen lässt.

Nicht zu viel Kälte

Tomaten lieben die Sonne und mögen keine Kälte, **im Kühlschrank verlieren sie rasch an Aroma, deshalb sollten sie bei Raumtemperatur gelagert werden.** Hier halten sie je nach Sorte schon mal eine gute Woche. Von anderem Obst und Gemüse möglichst fernhalten: **Tomaten verströmen das Reifegas Ethylen, dass zum Beispiel Bananen schnell überreif werden lässt.**

Was tun mit geschmacklosen Tomaten?

Es ist passiert, Sie haben 1 kg Tomaten gekauft, die sich bei näherer Betrachtung als wässrig und fade herausgestellt haben. Was tun? Die Rettung naht in Form einer einfachen Technik: Tomaten halbieren, mit der Schnittfläche nach oben auf ein Backblech setzen, mit Olivenöl beträufeln und mit einer Prise Salz bestreuen. Im vorgeheizten Ofen dürfen sie bei 150 °C rund 90 Minuten rösten, bis sich ihre Aromen vertieft haben. Die fertig gerösteten Tomaten schmecken in Saucen, Salaten oder als Brotbelag. Rösten Sie nach Belieben Knoblauch und Kräuter mit. Natürlich klappt das auch mit aromatischen Tomaten.

Tomaten aus der Dose

Verarbeitete Tomatenprodukte sind praktisch einzusetzen und in der Küche daher oft eine große Hilfe. Auch ich greife gern auf stückige Dosentomaten, passierte Tomaten oder Tomatenmark zurück. Die Produkte werden im Anbauland zubereitet. Handelt es sich um Qualitätsware, speichert sie den vollen Geschmack des Sommers.

- **Polpa di pomodoro:** bei uns als stückige oder gehackte Tomaten bekannt
- **Pomodoro pelati:** ganze, geschälte Tomaten, meistens mit Saft aufgefüllt
- **Passata:** Tomatenpüree, passierte Tomaten, eingekocht oder im Vakuum eingedickt
- **Ketchup:** gehört zu den Würzsaucen; besteht neben pürierten, eingekochten Tomaten aus Essig, Gewürzen und reichlich Zucker
- **Tomatenmark:** zerkleinerte und stark eingekochte Tomaten, einfach, zweifach und dreifach konzentriert

Zwei- oder dreifach: Was ist besser?

Das dreifach konzentrierte Tomatenmark ist in Deutschland besonders beliebt. Es schmeckt sehr intensiv und oft leicht sauer, zudem hat es eine dunkelrote Farbe. Das zweifach konzentrierte mit seiner hellroten Farbe und dem milden Aroma ist die erste Wahl für den Vorkoster.

Gesunde Farbe

Tomatenmark enthält Lycopin. Dieses sogenannte Carotinoid ist für die rote Farbe der Tomate verantwortlich. Ob es einen krebshemmenden Effekt besitzt, ist noch umstritten. Aber es soll Risikofaktoren für Herz-Kreislauf-Erkrankungen entgegenwirken. Außerdem ist Lycopin antioxidativ und schützt somit unsere Zellen. Zudem konnte nachgewiesen werden, dass es sich in der Haut ablagert und sozusagen einen Sonnenschutz von innen bildet. Der Körper kann Lycopin am besten aus verarbeiteten Tomatenprodukten wie Tomatensaft oder -mark aufnehmen.

Sind grüne Tomaten wirklich giftig?

Unreife, grüne Früchte sowie Stielansätze, Blätter und Stängel der Tomaten enthalten Solanin, eine schwach giftige chemische Verbindung, die dem Schutz der Pflanzen vor Insekten, Pilzen und Bakterien dient. Bei übermäßigem Verzehr kann es Übelkeit oder Erbrechen zur Folge haben. Achtung: Nicht zu verwechseln mit grünen Sorten, die kann man natürlich grün essen!

Tomatensuppe mit Gin und Basilikumöl

Vielen ist es zu mühsam, Tomatensuppe selbst zuzubereiten. Ich kann nur sagen: Es lohnt sich aber! Man kann gut zu Tomaten aus der Dose greifen. Geschickt würzen, mit Gin beschwipsen und mit feinem Basilikumöl abrunden – schon ist das Aromenwunder fertig. Statt des Standmixers können Sie auch einen Stabmixer verwenden.

Für 4 Personen

Für die Suppe

2 Zwiebeln
10 Cocktailtomaten (insg. ca. 130 g)
2 EL Olivenöl
2 EL Zucker
800 g geschälte Tomaten aus der Dose
1 Lorbeerblatt
200 ml Gemüsebrühe
2 EL weißer Balsamico-Essig
1 Prise Chilipulver
Salz
frisch gemahlener schwarzer Pfeffer
60 ml wacholderlastiger Gin

Für das Basilikumöl

1 Bund Basilikum
4 EL Olivenöl

Zubereitungszeit ca. 10 Minuten plus 30 Minuten Garzeit

Für die Suppe die **Zwiebeln** schälen und hacken. Die **Cocktailtomaten** waschen, die Stielansätze herausschneiden und Tomaten halbieren. Das **Olivenöl** in einem Topf erhitzen, die Zwiebeln mit Cocktailtomaten und **Zucker** zugeben und auf mittlerer Stufe 2–3 Minuten anschwitzen. Die **Dosentomaten** mit dem **Lorbeerblatt** hinzufügen, mit der **Brühe** auffüllen, die Hitze etwas reduzieren und 30 Minuten köcheln lassen. • Inzwischen für das Öl das **Basilikum** waschen, trocken schütteln und die Blätter von den Stängeln zupfen. Die Basilikumblätter mit dem **Olivenöl** im Standmixer fein pürieren und durch ein Küchentuch passieren. • **Essig** und **Chilipulver** in die Suppe rühren und mit **Salz** und **Pfeffer** abschmecken. Im Standmixer mit der Funktion „heiße Speisen“ gut pürieren und durch ein feines Sieb streichen. • Den **Gin** einrühren, die Tomatensuppe in vier Suppenschalen oder tiefe Teller füllen und nach Belieben mit Basilikumöl beträufeln.

Spaghetti Napoli

Einfacher geht's nicht – Nudeln mit Tomatensauce! Und das bei mir im Kochbuch? Ja! Weil ich von diesem genialen Aroma, dieser perfekten Komposition einfach nicht genug bekommen kann. Den Parmesan am besten immer frisch reiben, denn nur so entfaltet er sein volles Aroma.

Für 4 Personen

Für die Sauce
1 Zwiebel
1 Knoblauchzehe
2 EL Olivenöl
Salz
frisch gemahlener schwarzer Pfeffer
1 frische rote Chilischote
2 Dosen passierte Tomaten (à 400 g)
12 kleine Rispentomaten (insg. ca. 175 g)
1 Prise Zucker

Für Nudeln und Garnierung
Salz
400 g Spaghetti
3 Stängel Basilikum
4 EL frisch geriebener Parmesan (nach Belieben)

Zubereitungszeit ca. 20 Minuten

Für die Sauce **Zwiebel** und **Knoblauchzehe** schälen und fein würfeln. Das **Öl** in einem Topf erhitzen. Zwiebel und Knoblauch darin bei mittlerer Hitze anschwitzen und mit **Salz** und **Pfeffer** würzen. • Die **Chilischote** entkernen, waschen, in feine Ringe schneiden und dazugeben. Dann die **passierten Tomaten** einrühren, aufkochen und bei niedriger Hitze etwa 10 Minuten köcheln lassen. • Inzwischen für die Nudeln Wasser in einem großen Topf zum Kochen bringen, etwas **Salz** dazugeben, **Spaghetti** hineingeben und nach Packungsangaben al dente garen. • Die **Rispentomaten** waschen, die Stielansätze entfernen, Tomaten vierteln und in die Sauce geben. Kurz miterhitzen, den **Zucker** zugeben und mit **Salz** und **Pfeffer** abschmecken. • Das **Basilikum** abspülen, die Blätter abzupfen und trocken tupfen. • Die Spaghetti in ein Sieb abgießen, kurz abtropfen lassen und auf vier Teller verteilen. Die Tomatensauce darübergeben, mit dem Basilikum garnieren und nach Belieben mit **Parmesan** bestreut genießen.

Bunter Tomatensalat mit gefüllten Strudelscheiben

Bunt wird der Salat, wenn man in Sachen Tomaten aus dem Vollen schöpft und sie in verschiedenen Farben kauft. Sonst ist es eben ein roter Tomatensalat, auch gut. Aber damit steht man ja nur auf einem Bein, der raffinierte Strudel liefert alles, was der Fan der italienischen Küche sonst noch braucht: Ricotta, Mascarpone und Basilikum.

Für 2 Personen

Für den Salat

4 EL Olivenöl
1 EL weißer Balsamico-Essig
1 EL grober Senf
Abrieb und Saft von ½ Biozitrone
1 Prise Zucker
5 verschiedenfarbige Tomaten (insg. ca. 250 g; keine Cocktailtomaten)
1 Zwiebel
1 Knoblauchzehe
Salz
frisch gemahlener schwarzer Pfeffer

Für den Strudel

1 Bund Basilikum
1 Strudelteigblatt (Fertigprodukt aus dem Kühlregal; 60 g, ca. 40 × 40 cm)
2 EL Olivenöl zum Braten plus etwas Olivenöl zum Bestreichen
2 Prisen frisch geriebene Muskatnuss
200 g Ricotta
200 g Mascarpone
Salz
frisch gemahlener schwarzer Pfeffer

Zubereitungszeit ca. 25 Minuten

Für den Salat das **Öl** mit **Essig, Senf, Zitronenabrieb, Zitronensaft** und **Zucker** in einer Schüssel verrühren. Die **Tomaten** waschen, vierteln und die Stielansätze entfernen. Die Tomatenviertel in die Schüssel mit dem Dressing geben und gut vermischen. • **Zwiebel** und **Knoblauchzehe** schälen, in feine Scheiben schneiden und unter den Tomatensalat rühren. Mit **Salz** und **Pfeffer** abschmecken und ziehen lassen, während der Strudel zubereitet wird. • Für den Strudel das **Basilikum** waschen, trocken schütteln und die Blätter abzupfen. Den **Strudelteig** auf der Arbeitsfläche ausbreiten, mit etwas **Öl** bestreichen und mit der **Muskatnuss** bestreuen. **Ricotta** und **Mascarpone** verrühren, mit **Salz** und **Pfeffer** würzen und auf den Strudelteig streichen, dabei rundum einen kleinen Rand frei lassen. • Basilikumblätter auf der Creme verteilen, die Strudelteigseiten rechts und links jeweils bis zur Mitte einschlagen und aufrollen, dabei das letzte Stück des Teigs mit etwas Wasser bestreichen und die Rolle schließen. • Das **Öl** in einer großen Pfanne erhitzen und den gefüllten Strudel darin rundum etwa 10 Minuten bei niedriger bis mittlerer Hitze braten. • Den Tomatensalat auf zwei Teller verteilen. Den Strudel in Scheiben schneiden und neben dem Salat anrichten.

WARENKUNDE

Blattsalate

Oft als Kaninchenfutter verschrien oder höchstens als Beilage geduldet, können Blattsalate so viel mehr: Schier endlos sind die Möglichkeiten, Blattsalate mit anderen Zutaten zu den tollsten Mahlzeiten zu kombinieren. Blattsalat bedeutet nicht nur Kopf- oder Eisbergsalat. Wer Spaß an Abwechslung hat, wird eine beachtliche Auswahl an verschiedenen Farben, Formen und Geschmacksnoten im Handel finden.

Bitter oder nicht?

Die meisten Blattsalate – Ausnahmen bilden Feldsalat und Rucola – lassen sich in zwei botanische Gruppen einteilen: Lattich- und Zichoriengewächse. Salate aus der Lattichgruppe enthalten wenig Bitterstoffe, zu ihnen gehören zum Beispiel Kopf-, Eisberg- und Romanasalat. **Die Salate aus der Zichoriengruppe enthalten deutlich mehr Bitterstoffe, aber auch viel mehr Vitamine und Mineralstoffe.** Die bekanntesten Sorten dieser Gruppe sind Chicorée und Radicchio, die Endivie und Frisée zählen zur selben Gattung.

Woher kommt der Salat auf unseren Tellern?

In Nordrhein-Westfalen werden große Mengen Salat angebaut, ab Juni ist die Freilandernte in vollem Gange. Der größte Teil des Ertrags wird auch gleich in NRW verkauft und verzehrt. **90 Prozent der Blattsalate werden in herkömmlichen Supermärkten verkauft;** der Verkauf auf Wochenmärkten, in Hofläden oder frisch ab Feld macht nur einen geringen Anteil aus.

> **Ab Juni ist die Freilandernte in vollem Gange.**

Im Sommer ist Belgien NRWs Konkurrent Nummer eins im Salatanbau, dort werden Salate in riesigen Gewächshäusern gezogen. Im Winter werden Salate aus Belgien, den Niederlanden, Frankreich, Spanien und Italien importiert.

Wie muss frischer Salat aussehen?

Die Blätter sollen schön prall sein, je nach Sorte auch knackig. **Der Strunk ist am besten hell, er kann aber schon mal etwas eingetrocknet sein, aber keinesfalls rot und schmierig.** Wirken einzelne Blätter faulig, sollten Sie den Salat auf jeden Fall liegen lassen.

> **Salate mit fauligen Blättern sollten nicht gekauft und verzehrt werden.**

Mit Wurzel im Handel

Vergleichsweise neu im Handel: Wurzelsalate. Verschiedene Salatsorten werden nicht geschnitten, sondern mit in Erde steckendem Wurzelballen verkauft. Sinn der Sache: Der empfindliche Salat hält sich länger, noch länger, wenn der Ballen mit Wasser benetzt ist – und das wiederum reduziert die Lebensmittelverschwendung.

> **Salate mit Wurzeln halten länger und reduzieren somit die Lebensmittelverschwendung.**

LAGERN UND ZUBEREITEN

Salate am besten im Gemüsefach im Kühlschrank lagern, da halten sie am längsten.

Optimal lagern

Blattsalat ist eine kleine Mimose, daher ist einiges zu beachten, wenn man ihn aufbewahren will. Zu feucht? Die zarten Blättchen faulen leicht. Zu trocken? Der Salat lässt die Blätter hängen und wird welk. **Am besten legt man ihn ins Gemüsefach des Kühlschranks,** da halten die Köpfe 1–2 Tage, robustere Salate wie Eisberg oder Endivie auch schon mal 1 Woche. Den Salat nicht quetschen, die Blätter sind sehr druckempfindlich. Ist der Kopf noch ganz, kann man vor dem Genuss einfach die äußeren Blätter entfernen.

> Für sehr empfindliche Blattsalate hat sich Folgendes bewährt: Die einzelnen Salatblätter waschen, trocknen und auf einer Lage Küchenpapier in einer großen, verschließbaren Gefriertüte oder einer Frischhaltebox im Kühlschrank aufbewahren. Das Küchenpapier saugt überschüssige Feuchtigkeit auf, während die Tüte oder Box vor dem Austrocknen schützt.

Blattsalate vor dem Verzehr immer gut waschen. So entfernen Sie Sand, Insekten und Keime.

Waschen – gewusst, wie!

Blattsalate immer gut waschen, auf dem Naturprodukt können Sand, Insekten und Keime sitzen, die man so zumindest größtenteils entfernen kann. **Um Nährstoffe zu schonen, am besten die ganzen Blätter unter fließendem Wasser abspülen.** Damit die Salatsauce nicht verwässert, trocknet man sie anschließend in einer Salatschleuder.

Zupfen, nicht schneiden

Salatblätter sollten, wenn möglich, gezupft und nicht geschnitten werden. Beim Auseinanderreißen reißen sie an den natürlichen Blattadern, beim Schneiden hingegen werden Zellstrukturen zerstört und Pflanzensaft tritt aus. Mit ihm gehen die gesunden Inhaltsstoffe verloren.

Tütensalat sollte möglichst sofort verzehrt werden! Vorab unter kaltem Wasser abbrausen.

Bei roten Rändern oder muffigem Geruch sollte der Salat weggeschmissen werden.

Tütensalat – was ist zu beachten?

In Kühlregalen von Supermärkten findet man gewaschenen, mundgerecht zerteilten Salat, der als „verzehrfertig" deklariert und in Plastiktüten eingeschweißt ist. Das ist praktisch, aber klar ist auch: **Diese Salate sind sehr empfindlich.** Die vielen Schnittstellen kombiniert mit Sauerstoff und Feuchtigkeit in der Tüte bieten für Keime die besten Wachstumsbedingungen. Wichtig ist also, die Packungen in der Kühltasche zu transportieren oder möglichst sofort zu verbrauchen. Es ist ratsam, den Tütensalat vor dem Genuss dennoch unter kaltem Wasser abzubrausen. **Riecht er muffig oder haben die Schnittstellen deutlich rote Ränder, ist es besser, den Salat zu entsorgen, weil er bereits verdirbt.**

Vielseitig in der Küche

Wir kennen und lieben Salate hauptsächlich als kalte Vorspeise, Beilage oder sommerliches Hauptgericht. Aber wussten Sie, dass man mit Blattsalaten in der Küche noch viel mehr anstellen kann? Mit Zichorien wie Chicorée und Radicchio kann man generell gut warme Gerichte zubereiten. Aber auch **Kopfsalat- oder Romanaherzen schmecken in Butter gedünstet köstlich als Beilage.** Aus dem leicht scharfen Rucola lässt sich ein pikantes Pesto zaubern, das zu Nudeln so gut schmeckt wie zu Ofengemüse. Im Kühlschrank liegt noch ein leicht welker Salat? Schwitzen Sie ihn mit Zwiebeln in Butter an, Brühe und Sahne zugeben und alles zu einer cremigen Suppe pürieren. Auch im Smoothie machen sich ein paar Blätter gut – hier aber nur ganz frische Exemplare verwenden!

Vitaminbombe oder Mogelpackung?

Blattsalate bestehen zu 90 bis 95 Prozent aus Wasser und haben wenig Kalorien, liefern gleichzeitig aber viele Ballaststoffe. Daher sättigen sie gut und sind besonders bei figurbewussten Zeitgenossen beliebt. Als Vorspeise machen sie den Magen schon einmal gut voll, ohne die Kalorienbilanz zu sehr auszureizen. In den frischen Blättern stecken unter anderem Betacarotin, Vitamin C, Folsäure, Kalium, Phosphor und Magnesium. Im Vergleich zu anderen Gemüsesorten schneiden sie aufgrund ihres hohen Wassergehalts beim Vitamin- und Mineralstoffgehalt aber eher mäßig ab. **Salate mit dunklen, kräftigen Blättern haben in der Regel mehr gesunde Vitalstoffe.**

> **Salate mit kräftigen, dunklen Blättern haben mehr gesunde Vitalstoffe.**

> BITTER, ABER GESUND Zichorien haben einen typischen bitter-aromatischen Geschmack. **Die Bitterstoffe fördern den Appetit, regen die Verdauung an und gelten somit als gesund.**

Die Mischung macht's

Eine Salatmahlzeit kann man gesundheitlich ganz einfach aufpeppen, indem man die Blätter mit Gemüsestreifen mischt. Tomaten, Fenchel, Karotten und Paprika – **je bunter, desto besser.** Das Dressing am besten immer mit etwas kalt gepresstem Öl anrühren, so kann der Körper fettlösliche Vitamine aus dem Salat besser aufnehmen.

> **Dressing am besten mit kalt gepresstem Öl anrühren!**

Bio oder konventioneller Anbau?

Der Vorkoster verglich Proben von konventionell angebauten sowie Biosalatköpfen sowie konventionell angebauten und Biotütensalaten. Bei den Biosalaten konnten keinerlei Pestizide nachgewiesen werden, die Pestizidbelastung lag bei den konventionell angebauten Salaten weit unter dem zulässigen Grenzwert. In der Keimbelastung gab es kaum Unterschiede.

Caesar-Salat mit Garnelen und Laugencroûtons

Dieser Salat ist quasi der Klassiker unter den Klassikern. Er ist eine weltweite Berühmtheit – und das zu Recht, denn die Kombination der Zutaten ist eine wahre Geschmacksexplosion. Den klassischen Caesar-Salat wandele ich dennoch etwas ab: Es gibt dazu gebratene Garnelen und knusprige Laugencroûtons.

Für 4 Personen

Für die Croûtons

2 Laugenstangen (à ca. 75 g)
2 EL zerlassene Butter

Für Salat und Dressing

3 Miniromanasalate (à ca. 125 g)
3 in Öl eingelegte Sardellen (insg. ca. 10 g), abgetropft
40 g Parmesan, gerieben
3 EL Crème fraîche
50 ml Gemüsebrühe
3 EL Kräuteressig
2 EL Rapsöl
1 Knoblauchzehe, gehackt
1 EL Zucker
Salz
frisch gemahlener weißer Pfeffer

Für die Garnelen

2 EL Rapsöl
8 rohe Riesengarnelen ohne Kopf (insg. ca. 400 g), geschält und Darmfäden entfernt
Salz
100 g Parmesan, gehobelt

Zubereitungszeit ca. 20 Minuten

Den Backofen auf 160 °C Umluft vorheizen. • Für die Croûtons die **Laugenstangen** schräg in feine Scheiben schneiden und mit der flüssigen **Butter** bepinseln. Auf ein Backblech setzen und im vorgeheizten Ofen etwa 8 Minuten backen. Herausnehmen und etwas abkühlen lassen. • Während der Backzeit für den Salat die **Romanasalate** in Blätter zerteilen, waschen und trocken schleudern. • Für das Dressing die **Sardellen** hacken und mit **Parmesan, Crème fraîche, Brühe, Essig, Öl, Knoblauch** und **Zucker** in einen hohen Mixbecher geben. Mit dem Stabmixer pürieren und mit **Salz** und **Pfeffer** abschmecken. • Für die Garnelen das **Rapsöl** in einer Pfanne erhitzen und die **Garnelen** darin bei mittlerer Hitze von beiden Seiten jeweils etwa 2 Minuten braten, bis sie rosa sind. Vom Herd nehmen und **salzen.** • Inzwischen die Salatblätter klein schneiden und in eine Schüssel geben. Das Dressing darüberträufeln und vermengen. • Den Salat auf vier Teller verteilen. Die gebratenen Garnelen mit Laugencroûtons und **Parmesanspänen** darauf anrichten und servieren.

Vorkoster-Fitnesssalat

Sauermilchkäse, Hähnchenbrust, frische Petersilie und zweierlei Blattsalate – wenig Kalorien, aber viel Eiweiß und vor allem voller Geschmack!

Für 2 Personen

100 g Handkäse (Sauermilchkäse)
3 EL Rotweinessig
150 g Hähnchenbrustfilet
1 Bund glatte Petersilie
frisch gemahlener schwarzer Pfeffer
Salz
1 Eisbergsalat (ca. 300 g)
1 Lollo rosso (ca. 150 g)

Zubereitungszeit ca. 20 Minuten

Den **Handkäse** in kleine Würfel schneiden, in eine Schüssel geben und mit dem **Essig** beträufeln. • Eine beschichtete Pfanne erhitzen und die **Hähnchenbrust** darin ohne Fettzugabe von beiden Seiten jeweils 3–4 Minuten braten. Aus der Pfanne nehmen und das Fleisch etwa 3 Minuten ruhen lassen. • Inzwischen die **Petersilie** waschen, trocken schütteln, fein hacken und bis auf 1 EL zum Käse in die Schüssel geben. • Das Hähnchenfleisch in dünne Scheiben schneiden und ebenfalls zugeben. Gut **pfeffern,** aber nur wenig **salzen.** • Beide **Salate** in Blätter zerteilen, waschen, trocken schleudern und in mundgerechte Stücke zerpflücken. Dann in die Schüssel geben und unterheben. • Mit **Salz** und **Pfeffer** abschmecken, auf Tellern anrichten, mit der restlichen Petersilie garnieren und genießen.

WARENKUNDE

Kürbis

Der Kürbis ist ein Gemüseklassiker zwischen Tradition und Trend. Im Herbst landet er gern als Deko auf dem Fensterbrett, Kürbissuppen und krosse Sticks werden auch von Feinschmeckern gern gegessen. Kürbis legt sein angestaubtes, langweiliges Image ab – ich finde das super!

GROSSE SORTENVIELFALT

Große, bunte Familie

Die Kürbisfamilie ist unglaublich vielfältig, sie umfasst an die 100 Arten und viele 100 Sorten. Farbe, Größe und Gestalt der Früchte unterscheiden sich enorm. Auch Gurken, Zucchini und Melonen gehören botanisch gesehen zur Gattung der Kürbisgewächse. Grob unterscheidet man zwischen Speisekürbissen, Ölkürbissen und Zierkürbissen.

> **Auch Gurken, Zucchini und Melonen gehören zur Gattung der Kürbisgewächse. Eine grobe Unterscheidung: Speise-, Öl- und Zierkürbis.**

Ernte in Sommer und Winter

Darüber hinaus lassen sie sich noch in Winter- und Sommerkürbisse unterscheiden – entscheidend ist der Erntezeitpunkt. Zu den Sommerkürbissen zählen unter anderem Zucchini, Spaghettikürbis und Patisson. Sie wachsen schnell und haben bereits ab Juni Saison. **Ihre Schale ist nicht sehr robust, daher kann man sie nicht lange lagern.**

Winterkürbisse wie Hokkaido oder Butternut werden erst im Herbst reif geerntet. Sie sind bei guter Lagerung lange haltbar.

> **Sommerkürbisse sind unter anderem Zucchini, Spaghettikürbis und Patisson. Winterkürbisse sind unter anderem Hokkaido oder Butternut.**

ZUCCHINI – BELIEBTES SOMMERGEMÜSE Zucchini werden unreif bei einer Länge von circa 10 bis 30 cm geerntet. Sie können sowohl roh als auch gekocht, gebraten, gefüllt oder gegrillt verzehrt werden. **Aufgrund ihres neutralen Geschmacks lassen sie sich mit Fleisch, Fisch, Gemüse oder Salaten kombinieren.** Lässt man die Zucchini wachsen und reifen, werden sie bis zu einem halben Meter lang und bekommen eine sehr feste Schale, die vor dem Zubereiten entfernt werden muss.

> **Zucchini können roh, aber auch gebraten, gefüllt oder gegrillt verzehrt werden.**

Die Lieblinge: Hokkaido und Butternut

Obwohl es so viele Sorten gibt, ist das Angebot im Handel überschaubar. Der knallorange Hokkaido hat seinen festen Platz in den deutschen Haushalten erkämpft. **Er kann ganz praktisch mit Schale verarbeitet werden,** schmeckt leicht nussig und eignet sich gut für Suppen. Außerdem sieht man den aromatischen Moschuskürbis Butternut immer öfter in den Regalen. Seine Schale ist vergleichsweise weich, außerdem hat er nur wenig Kerne. Die Schale sollte großzügig abgeschält werden.

> **Hokkaido kann mit Schale verarbeitet werden!**

Kürbis als Nudelersatz

Der Spaghettikürbis schmeckt mild und aromatisch, führt aber leider ein Schattendasein. Tipp: Den Spaghettikürbis zunächst 45–60 Minuten im Ganzen kochen. Wasser abgießen und den leicht abgekühlten Kürbis teilen. Innerhalb des Kürbisses befinden sich lange Fasern, die mit einer Gabel herausgelöst werden können. **Mit einer herzhaften Sauce serviert, sind sie ein gemüsiger Ersatz für Spaghetti.**

KÜRBIS IN DER KÜCHE

Nach der Ernte den Stiel dranlassen, sonst vergammelt der Kürbis schnell!

Reifeprüfung: Ein Klopfen auf die Schale bringt einen hohlen Ton hervor und der Stiel ist verholzt.

Wichtige Utensilien: scharfes großes Messer sowie ein fixiertes Schneidebrett, das nicht wegrutscht.

Lagerung von Winterkürbissen: Solange der Stiel dran und die Schale unbeschadet ist, kann er über Monate gelagert werden.

Worauf ist beim Einkauf zu achten?

Beim Einkauf sollte der Kürbis – egal, welche Sorte – eine unversehrte und straffe Schale haben. Die Farbe muss nicht einheitlich sein, **ab und zu ein heller Fleck oder eine Unebenheit sind kein Problem,** oft handelt es sich um die Stelle, mit der der Kürbis auf dem Feld lag. Auch nach der Ernte sollte der Stiel weiter an der Frucht bleiben. Wird er entfernt, ist die Gefahr groß, dass der Kürbis schnell vergammelt, da Keime ins Innere gelangen können. Wenn er reif ist, bringt ein Klopfen auf die Schale einen hohlen Ton hervor und der Stiel ist verholzt. **Reife Kürbisse sind zudem meist schwerer, als sie aussehen.**

Kraftvolle Vorbereitung

Bei vielen Sorten muss man sich durch die dicke Schale kämpfen, ein scharfes, großes Messer macht die Sache einfacher. Wichtig auch: Das Schneidebrett gut fixieren, damit es nicht wegrutschen kann. Kürbis am Stielansatz einstechen und dann langsam mit Druck nach unten in Spalten schneiden. Kerne und Fasern mit einem Löffel herauskratzen, die Schale mit einem Gemüsemesser abschälen.

HARTE GESCHÜTZE Bei einem Kürbis mit extrem fester und dicker Schale **kann man auch ein Küchenbeil zur Hilfe nehmen.** Vorsicht: Damit kann man das Schneidebrett ruinieren! Es soll auch schon vorgekommen sein, dass verzweifelte Köche besonders wehrhafte Kürbisse auf den Küchenboden werfen, damit die Schale platzt.

Mit Kürbis kochen: No limits!

Kürbisse lassen sich zu köstlichen Suppen verarbeiten. Es ist aber auch eine tolle Idee, Kürbisse aufzuschneiden, zu marinieren, zu füllen und dann im Backofen zu garen. Oder man macht knusprige Kürbissticks. Man kann Kürbis hobeln oder raspeln und in Aufläufe schichten, leckere Reibekuchen und Bratlinge daraus zubereiten. Saftig werden Kürbiskuchen, wunderbar gelingen auch Chutneys mit Kürbisanteil.

Wie und wie lange lagern?

Winterkürbisse sind robuste Kollegen, die man gut sogar über Monate lagern kann, solange der Stielansatz dran und die Schale unbeschädigt ist. **Ideal sind Temperaturen von unter 15 °C.** Möchte man angeschnittene Stücke aufheben, wickelt man diese am besten in Folie und legt sie ins Gemüsefach des Kühlschranks. 1 Woche hält er hier mindestens. Wer viel zu viel Kürbis übrig hat, kann ihn küchenfertig zubereiten, am besten schon in kleine Stücke schneiden und einfrieren. Noch besser ist es, ihn zu kochen und ein Püree herzustellen, das man dann wiederum in der Tiefkühltruhe lagert.

Kürbiskerne rösten

Die Kerne von Hokkaido und Co. sollte man nicht wegwerfen, sondern rösten! Fruchtfleisch entfernen, gegebenenfalls klappt das in einem Wasserbad besser. Die Kerne etwas trocken tupfen und auf einem Backblech verteilen und im Ofen bei 200 °C rösten, dann wenden und weitere 10 Minuten in den Ofen schieben. **Achtung: Die Kerne sollen nicht zu dunkel werden!** Noch heiß nach Belieben mit Salz, Paprikapulver oder Gewürzen abschmecken. Die Kerne nascht man einfach nur so, sie schmecken aber auch toll im Pesto. Dafür geröstete Kerne mit Olivenöl, Petersilie und geriebenem Hartkäse in einem Mixer pürieren.

> **Kerne im Backofen bei 200 °C von beiden Seiten rösten. Sie sollten aber nicht zu dunkel werden.**

Trendprodukt Kürbiskernöl

Das Kürbiskernöl ist eine besonders schmackhafte und ausgesprochen gesunde Delikatesse. Dunkelgrün mit einem nussigen Aroma passt es in Salatdressings, verfeinert aber auch unzählige andere Gerichte, zum Beispiel Suppen. **Als besonders hochwertig gilt das Kürbiskernöl aus der Steiermark in Österreich.** Es trägt das blau-gelbe EU-Siegel für geschützte geografische Angaben (g. g. A.). Ein weiteres grün-weißes Siegel garantiert zusätzlich, dass das Öl tatsächlich aus steirischen Ölkürbissen auf traditionelle Weise gewonnen wurde. Bei dieser Sorte werden nur die Samen verwendet, das Fruchtfleisch ist nicht zum Verzehr geeignet.

Kann man Zierkürbisse essen?

Reine Zierkürbisse sehen beeindruckend und manchmal auch lecker aus, auf dem Teller sollten sie aber dennoch nicht landen. Bestenfalls sind sie nur wenig aromatisch und viel zu hart und trocken. Manche Sorten enthalten aber auch in großen Mengen Cucurbitacin. **Der giftige Bitterstoff kann starke Magen- und Darmbeschwerden oder ernste Vergiftungen auslösen.**

> **Zierkürbisse sollten nicht auf dem Teller landen!**

Kürbisse aus Nachbars oder dem eigenen Garten können Kreuzungen mit Zierkürbisarten sein. Im Zweifel einen Test machen: **Hat das Fruchtfleisch eine bittere Note, sollte man den Kürbis besser nicht essen. Das gilt auch für Sommerkürbisse.** Keine Sorgen muss man sich bei Kürbissen aus dem Handel oder vom Hofladen eines Kürbishofs machen.

> **Kürbisse aus dem eigenen Garten können nicht essbare Kreuzungen mit Zierkürbisarten sein!**

Cappuccino vom Hokkaidokürbis

Kürbissuppe ist immer ein dicker, pampiger Brei? Nicht bei mir! Der aromatische Hokkaidokürbis bekommt geschmackliche Unterstützung durch die würzige Brühe. Apfel und Chilisauce sind potente und spannende Gegenspieler.

Für 4–6 Personen

¼ Hokkaidokürbis (ca. 300 g)
1 Apfel (ca. 150 g)
2 Karotten (insg. ca. 200 g)
1 Zwiebel
2 EL Rapsöl
1 l Hühnerbrühe oder Gemüsebrühe
400 g Sahne oder Kokosmilch
2 EL süße Chilisauce
4 EL Kokosessig (aus dem Asialaden)
1 Prise Zucker
1 EL Currypulver
Salz
frisch gemahlener schwarzer Pfeffer

Zubereitungszeit ca. 20 Minuten plus 20 Minuten Garzeit

Den **Kürbis** waschen, entkernen und würfeln. Den **Apfel** schälen, entkernen und würfeln. **Karotten** und **Zwiebel** schälen und ebenfalls würfeln. • Das **Rapsöl** in einem Topf erhitzen. Kürbis-, Apfel-, Karotten- und Zwiebelwürfel zugeben und bei mittlerer Hitze unter gelegentlichem Rühren etwa 5 Minuten anschwitzen. • Die **Brühe** angießen, den Deckel aufsetzen und bei niedriger bis mittlerer Hitze 20 Minuten köcheln lassen. • Die Suppenmischung mit dem Stabmixer pürieren und durch ein feines Sieb in einen anderen Topf passieren. **Sahne, Chilisauce, Essig, Zucker** und **Currypulver** einrühren und mit **Salz** und **Pfeffer** abschmecken. • Die Kürbissuppe mit dem Stabmixer leicht aufschäumen, in vier bis sechs Tassen füllen und als „Cappuccino" servieren.

Kürbis-Kartoffel-Puffer mit Schnittlauchdip

Puffer gehen immer, wer kann da schon Nein sagen? Der Kürbis verleiht ihnen einen farblichen Kick, außerdem werden die Reibekuchen supersaftig. Ansonsten ist das Rezept ganz klassisch, einfach, gut. Verwenden Sie am besten die obere Hälfte des Kürbis, also den Kürbishals, denn dieser enthält keine Kerne.

Für 4–6 Personen

Für die Puffer

½ kleiner Butternutkürbis (ca. 300 g)
4 große festkochende Kartoffeln (insg. ca. 500 g)
2 Eier (Größe M)
2 EL Schmand
1 Prise frisch geriebene Muskatnuss
1 Prise Salz
1 Prise frisch gemahlener schwarzer Pfeffer
2 EL Butterschmalz

Für den Dip

1 Bund Schnittlauch
270 g Schmand
Salz
frisch gemahlener schwarzer Pfeffer

Zubereitungszeit ca. 35 Minuten

Den Backofen auf 110 °C Ober-/Unterhitze vorheizen. • Für die Puffer den **Kürbis** waschen, schälen und gegebenenfalls entkernen. Die **Kartoffeln** ebenfalls schälen. Kürbis und Kartoffeln auf einer Reibe grob raspeln, dabei zügig arbeiten, damit die Kartoffeln sich nicht braun verfärben. • Das geraspelte Gemüse in eine Schüssel geben und die **Eier** mit dem **Schmand** gut einarbeiten. Dann **Muskatnuss, Salz** und **Pfeffer** einrühren. • **Butterschmalz** in einer großen Pfanne erhitzen. Die Gemüsemasse mit einem Esslöffel in Portionen hineingeben, zu Puffern formen und bei mittlerer Hitze von beiden Seiten insgesamt 7–8 Minuten goldbraun braten. Auf Küchenpapier abtropfen lassen und im vorgeheizten Ofen warm halten, bis alle Puffer fertig gebraten sind. • In der Zwischenzeit für den Dip den **Schnittlauch** waschen, trocken schütteln und in feine Röllchen schneiden. In eine Schüssel geben und den **Schmand** einrühren. Mit **Salz** und **Pfeffer** abschmecken und etwas ziehen lassen. • Die Kürbis-Kartoffel-Puffer auf eine Platte setzen und mit dem Schnittlauchdip servieren.

WARENKUNDE

Spargel

Von April bis Juni wird weißer Spargel geerntet und für viele ist diese Zeit ein einziges kulinarisches Fest. Von keinem anderen Gemüse kaufen wir in derart kurzer Zeit so große Mengen und vor allem auch so heimatverbunden ein. Die Erzeuger freuen sich: Fast die Hälfte des weißen Spargels wird im Direktvertrieb verkauft.

DIE WICHTIGSTEN
EINKAUFSTIPPS

Spargelsaison – leider viel zu kurz!

Die frühen Sorten sind im April reif zur Ernte, **am 24. Juni ist traditionell Ernteschluss.** Man sagt, die mehrjährigen Pflanzen benötigen mindestens 100 frostfreie Tage, um sich zu regenerieren. In der Zeit bis zum Winter wachsen nun grüne Büsche aus den Spargelstangen. Die feinen Blätter sind grün und nadelförmig. Durch die Photosynthese wird der Pflanze Energie zugeführt, die auch in den Wurzeln eingelagert wird. Im darauffolgenden Jahr kann der Spargel dann wieder kräftig wachsen.

> **Ab April sind die frühen Sorten reif.**

> **Am 24. Juni ist traditionell Ernteschluss.**

Von Standard bis Luxus

Es gibt einige Topanbaugebiete, aus denen der beste Spargel kommen soll. Neben der Wahl der Spargelsorte und den speziellen klimatischen Bedingungen (Wind, Regenmenge, Temperatur) wird das Aroma auch durch die spezielle Bodenbeschaffenheit bestimmt. Zum Beispiel haben sich **Anbauer aus der Region Bornheim bei Köln und aus Walbeck bei Geldern ihren außergewöhnlich lecker schmeckenden Spargel EU-weit schützen lassen** – er trägt nun das Gütesiegel „geschützte geografische Angabe“ (g. g. A). Demnach darf sich ein Spargel nur dann so nennen, wenn er hier nach festgelegten Methoden angebaut wurde. Der Walbecker Spargel sei zum Beispiel „einzigartig aufgrund seiner Feinfaserigkeit, des leicht nussigen und intensiven Spargelgeschmacks und der Zartheit der Spargelstangen“.

Woran erkenne ich guten Spargel?

Heimischer Spargel ist wegen der kurzen Transportwege in der Regel besonders frisch zu bekommen. Am besten achtet man darauf, dass die Schnittstellen beim Kauf noch feucht sind und die Stangen quietschen, wenn man sie aneinanderreibt. Perfekte Stangen sind makellos, sehr hell, ganz gerade und prall, haben fest geschlossene Köpfe und verströmen den typischen Spargelduft. Allerdings schmecken krumme oder sehr dicke Exemplare auch gut, solange sie frisch sind. Sie sind sehr viel günstiger zu haben.

Kaufen Sie Spargelstangen, die möglichst gleich dick sind, sonst sind die einen nach dem Garen noch zu hart, die anderen aber schon matschig.

> **Guten Spargel erkennen: Schnittstellen sind feucht, Köpfe sind geschlossen und die Stangen quietschen, wenn man sie aneinanderreibt.**

Die richtigen Mengen

Als Beilage rechnet man pro Person mit 300 g, spielt der Spargel die Hauptrolle, sollen es schon 500 g sein.

> **Als Beilage 300 g, als Hauptrolle 500 g pro Person.**

Lila Spitzen

Haben die Stangen lilafarbene Spitzen, wurden sie nicht schnell genug geerntet. Sie haben zu lange aus dem Boden geschaut und zu viel UV-Licht abbekommen. Die Pflanze bildet dann den blauen Pflanzenfarbstoff Anthocyan und will sich auf diese Weise vor der Sonne schützen. **Geschmacklich wirkt sich das nicht dramatisch aus, vielleicht schmecken die dunkleren Stellen etwas herber.**

SCHÄLEN UND KOCHEN

Damit der Spargel nicht bricht, Spargel auf die Handfläche legen, den Kopf zwischen Daumen, Zeige- und Mittelfinger legen und von oben nach unten schälen.

Sorgfältig schälen für mehr Genuss

Spargelschälen ist nicht jedermanns Sache, wer möchte, kann bei manch einem Spargelhof fertig geschälte Stangen kaufen – diese sollte man am selben Tag verbrauchen. Selbstschäler sollten sorgfältig vorgehen: Es trübt den Genuss, wenn man sich immer wieder Schalenstücke aus den Zähnen ziehen muss. **Am besten eignen sich Spargelschäler mit doppelter Klinge oder sehr scharfe Gemüsemesser mit gebogener Klinge.** Damit das Gemüse nicht bricht, legt man die Stangen auf das Handgelenk und hält den Kopf vorsichtig mit Daumen, Zeige- und Mittelfinger. Dann von oben nach unten schälen.

> Die Enden erst nach dem Schälen abschneiden, weil man dann merkt, ob er gut geschält ist. Bleiben Schalenreste stehen, muss nachgeschält werden.

Kochen – gewusst, wie!

Spargel wird meist in Wasser gekocht – mit Salz, Zucker, Butter und eventuell einem Hauch Zitrone. **Es empfiehlt sich, die Stangen zu bündeln und mit Kochgarn zusammenzubinden,** da sie dann einfacher zu handhaben sind und nicht so schnell brechen.

Ab in die Pfanne

Weißen Spargel kann man aber durchaus auch braten, grillen, im Ofen garen – oder sogar roh genießen, etwa mariniert im Salat. Allerdings muss bei ungekochtem Spargel auf das intensive Spargelaroma verzichtet werden. Die im Spargel enthaltene Asparaginsäure entfaltet nämlich erst durch das Kochen ihren typischen Geschmack.

> **Resteverwertung**
> Aus den Schalen kann man einen Sud kochen und diesen dann mit einer leichten Mehlschwitze zu einer Suppe verarbeiten. Kochzeit etwa 30 Minuten. Danach durch ein Haarsieb abseihen.

Aus den Schalen kann man Sud kochen und diesen mit einer Mehlschwitze zu einer Suppe verarbeiten.

Bittere Note

Spargel muss eine leicht bittere Note haben. Wenn er aber zu bitter wird, ist der Spaß am Essen vorüber. So was passiert unter anderem, wenn die Stangen zu nah am Wurzelstock gestochen wurden. Das kann vor allem bei älteren Pflanzungen passieren, da der Wurzelstock von Jahr zu Jahr in Richtung Erdoberfläche wächst und die Stangen quasi kürzer werden, wenn man den Wall nicht aufschüttet. Die Bitterstoffe sitzen meist am unteren Ende der Stange, dieses muss dann großzügig abgeschnitten werden. **Zucker im Kochwasser mildert den bitteren Geschmack etwas ab.**

Warum muss Spargel superfrisch sein?

Die Spargelstangen wachsen schnell, sind beim Kauf zart und jung und die Abbauprozesse von zum Beispiel Zucker verlaufen sehr schnell. Auch weil direkt nach der Ernte Feuchtigkeit verloren geht, werden sie Stunde um Stunde holziger. Zudem leidet das Aroma dabei.

Lagern im feuchten Tuch

Bereiten Sie Ihren Spargel am besten sofort zu. Falls das nicht möglich ist, kann man ihn über Nacht im Kühlschrank lagern, eingewickelt in einem feuchten Tuch. Wer die Frische optimal erhalten will, kann die Stangen zuvor einige Minuten in eiskaltes Wasser legen. Allein in einer Plastiktüte eingepackt, ersticken die Stangen und bekommen einen muffigen Geschmack.

> **Lagern Sie den Spargel immer im Kühlschrank, eingewickelt in einem feuchten Tuch.**

Einfrieren? Wieso nicht!
Die Spargelzeit ist kurz – zum Glück kann man die Stangen einfrieren. Wichtig dabei: Die Stangen sollten bei Bedarf dann noch gefroren in den Kochtopf oder in die Pfanne kommen und vorher nicht aufgetaut werden, sonst werden sie zu matschig. Wichtig: Vor dem Einfrieren unbedingt schälen, aber nicht kochen oder blanchieren.

> **Tiefgefrorene Stangen unaufgetaut in den Kochtopf geben. Auf keinen Fall vorher auftauen!**

Grün, lecker, gesund

Im Gegensatz zu seinem weißen Verwandten gedeiht grüner Spargel oberirdisch. Das Sprossengemüse steckt voller Chlorophyll, ein gesunder, natürlicher Farbstoff, der ihm seine Farbe verleiht. Er ist würziger im Geschmack, enthält mehr Vitamin C und Betacarotin und seine Stangen sind im Allgemeinen dünner als weißer Spargel.

LEICHT ZU HANDELN Seine Zubereitung ist denkbar einfach: Schälen muss man nur das untere Drittel der Stangen und die Garzeit ist sehr kurz. Es reicht, ihn in einer Pfanne anzurösten.

> **Grünen Spargel muss man nur am unteren Drittel der Stange schälen.**

Müffelnder Urin

Vor allem der Aromastoff Asparagussäure sorgt für den milden und charakteristischen Geschmack des Spargels. Wird der Stoff im Körper durch ein bestimmtes Enzym abgebaut, werden dabei schwefelhaltige Verbindungen freigesetzt. **Das hat zur Folge, dass der Urin unangenehm riecht, das ist aber nicht ungesund oder gefährlich.** Ob der Körper beim Verdauen diese geruchsintensiven Abbaustoffe bildet, ist genetisch bestimmt. Nur etwa jeder Zweite soll das Enzym haben, das diesen Prozess möglich macht.

Wenig belastet
Im Gegensatz zu vielen anderen Gemüsesorten ist weißer Spargel kaum mit Rückständen von Pflanzenschutzmitteln belastet. Das liegt unter anderem daran, dass es im Erdreich kaum Schädlinge gibt. Von oben schützt die Folie, Fraßfeinde kommen hier nicht durch.

Spargel und Heilbutt mit Sauce hollandaise gratiniert

Das unverwechselbare Aroma des Spargels braucht höchstens den zarten Hauch eines Gegenspielers – etwas Butter macht die Sache rund, eine cremige Sauce hollandaise ist Vollendung in Perfektion und gebratene Heilbuttstücke runden das Ganze ab. Servieren Sie dazu Salzkartoffeln.

Für 4 Personen

Für die Sauce hollandaise

2 Eigelb (Größe M)
50 ml Weißwein
250 g Butterschmalz
Abrieb von 2 Biolimetten
Salz
frisch gemahlener schwarzer Pfeffer

Für Spargel und Fisch

Salz
1 kg weiße oder grüne Spargelstangen, geschält
600 g Heilbutt- oder Kabeljaufilet, eventuelle restliche Gräten entfernt
Fleur de Sel
1 EL Schnittlauchröllchen

Zubereitungszeit ca. 45 Minuten

Für die Sauce hollandaise das **Eigelb** mit dem **Wein** in eine hitzebeständige Schüssel geben, auf einen Topf mit leicht köchelndem Wasser setzen und mit dem Schneebesen aufschlagen, bis die Masse leicht dicklich wird. • Inzwischen das **Butterschmalz** in einem Topf zerlassen und in die Eigelbmasse einarbeiten. Dann den **Limettenabrieb** mit etwas **Salz** und **Pfeffer** unterrühren und die Sauce hollandaise beiseitestellen. • Den Backofen auf Grillstufe vorheizen. • Für den Spargel in einem Topf **Salzwasser** zum Kochen bringen und den **Spargel** darin gar kochen (weißer Spargel etwa 8 Minuten, grüner etwa 4 Minuten). • In der Zwischenzeit für den Fisch eine Grillpfanne ohne Fettzugabe erhitzen. Den **Heilbutt** in mundgerechte Stücke schneiden, mit **Fleur de Sel** würzen und in der heißen Pfanne bei mittlerer Hitze von beiden Seiten insgesamt 3–4 Minuten braten. • Den Spargel abgießen, mit den gebratenen Heilbuttstücken auf einer großen Edelstahlplatte anrichten und mit der Sauce hollandaise überziehen. Im vorgeheizten Ofen auf die obere Schiene setzen und etwa 2 Minuten gratinieren. • Die Platte aus dem Ofen nehmen, mit dem **Schnittlauch** garnieren und servieren.

Spargel-Erbsen-Schaumsuppe

So lecker kann man Reste verwerten – ausgekochte Spargelschalen sind die Basis dieser Suppe, die am Ende sehr fein und hellgrün daherkommt.

Für 4–6 Personen

2–3 Stangen weißer Spargel
Spargelschalen und abgeschnittene Spargelenden von ca. 1 kg weißem Spargel
300 g frische Erbsen in den Hülsen (alternativ 100 g TK-Erbsen)
1 Frühlingszwiebel
2 EL Butter
200 ml Gemüsebrühe
1 Prise Zucker
Salz
frisch gemahlener schwarzer Pfeffer
200 g Sahne

Zubereitungszeit ca. 30 Minuten

Den **Spargel** schälen und die Enden abschneiden. Alle **Spargelschalen** und **-enden** in einen Topf geben, dann 500 ml Wasser dazugießen und 10–15 Minuten kochen, damit der leckere Spargelgeschmack ins Wasser übergeht. • Währenddessen die **Erbsen** aus den Hülsen lösen. Die **Frühlingszwiebel** putzen, waschen und klein schneiden. Die geschälten Spargelstangen ebenfalls in kleine Stücke schneiden. • Die **Butter** in einem Topf erhitzen. Frühlingszwiebel und Spargelstücke dazugeben und bei mittlerer Hitze 2–3 Minuten anschwitzen. Die Erbsen zugeben, dann den Spargelsud durch ein Sieb in den Topf passieren und für einen kräftigeren Geschmack die **Gemüsebrühe** angießen. Den **Zucker** zugeben, mit etwas **Salz** und **Pfeffer** abschmecken und 10 Minuten köcheln lassen. • Die **Sahne** einrühren, vom Herd nehmen und die Suppe mit dem Stabmixer cremig mixen – durch die Erbsen wird die Mischung frühlingshaft grün. • Mit **Salz** und **Pfeffer** abschmecken, die Suppe durch ein Sieb in einen anderen Topf passieren und erneut mit dem Stabmixer mixen, bis ein schöner Schaum entsteht. • Die Spargel-Erbsen-Schaumsuppe in vier bis sechs Gläser, Tassen oder tiefe Teller füllen und genießen.

WARENKUNDE

Zitrusfrüchte

Sie sind sauer bis ganz süß, gelb bis grün und auch unzählige Nuancen von Orange und Rosa sind vertreten – Zitrusfrüchte machen Kochen und Co. wirklich aufregend. Für den Gaumen wie fürs Auge. Als Naschobst sind Clementinen top, frischer Orangensaft ist das leckere Gesundheitselixier schlechthin. Auch in meiner Küche freue ich mich immer wieder über die vielen tollen Zitrusaromen, die als natürliche Geschmacksverstärker unzählige Gerichte aufpeppen.

Zitrusfrüchte – viele bunte Sorten

Kaum eine Obstgattung umfasst so viele Arten wie die der Zitrusfrüchte. Man kann sie sehr gut miteinander kreuzen, das ist der Grund dafür. Der Ursprung einzelner Sorten ist teilweise gar nicht mehr genau nachzuvollziehen. Auch die Namen werden nicht überall gleich verwendet, schon in Europa gibt es Abweichungen.

- Die Pampelmuse, eine Urform der Zitrusfrüchte, hat unterschiedliche Farben.
- Die Grapefruit, auch Pomelo genannt, ist eine Kreuzung aus Pampelmuse und Orange. Rotfleischige Früchte sind milder im Geschmack als die gelbfleischigen.
- Mandarinen gehören ebenfalls zu den Urformen der Zitrusfrüchte. Sie haben mehr Kerne, lassen sich aber besser schälen als die daraus gezüchteten Clementinen. Diese bleiben aber länger frisch und werden aufgrund des angenehmen Süße-Säure-Verhältnisses oft als leckerer bezeichnet.
- Kumquats werden auch Zwergorangen genannt. Sie können mit der süßen Schale gegessen werden. Das Fruchtfleisch hat eine saure, teils auch bittere Note.
- Limetten sind aromatischer als Zitronen und enthalten wesentlich mehr Saft.
- **Amalfi-Zitronen sind für ihr ungewöhnlich gutes Aroma und die milde Säure berühmt.** Sie sind meist nur im Fachhandel zu bekommen.

Süßsaurer Liebling: die Orange

Die Orange ist die beliebteste Zitrusfrucht in Deutschland. Sie ist eine Kreuzung aus Pampelmuse und Mandarine. Sie wird auch als Apfelsine bezeichnet. Man teilt Orangen in verschiedene Gruppen ein:

- **Blondorangen:** Das sind eher kleine Früchte, die sehr viel Saft enthalten und daher meist zum Auspressen verwendet werden.
- **Navelorangen:** Die beliebten Essorangen sind am frühesten reif und als Erstes auf dem Markt. Sie sind relativ groß, lassen sich leicht schälen und enthalten keine Kerne.
- **Blutorangen:** Ihr rotes Fruchtfleisch verdanken die Blutorangen gesunden Pflanzenfarbstoffen. Blutorangen haben einen herberen, kräftigeren Geschmack als die hellen Orangen.
- **Süß-/Zuckerorangen:** Sie sind nahezu säurelos und nur von lokaler Bedeutung, beispielsweise in Brasilien und Indien.
- **Bitterorangen:** Sie werden auch „Pomeranzen" genannt. Man kann sie nicht pur genießen, aus den reifen Früchten wird aber zum Beispiel Marmelade hergestellt.

Generelle Einkaufstipps

Beim Einkauf sollten die Früchte fest sein und keine braunen oder matschigen Stellen haben. Exemplare mit frischem Blattgrün sind besonders frisch. **Schwere Früchte enthalten deutlich mehr Saft als ihre leichteren Kollegen.** Zitrusfrüchte reifen nicht nach, deshalb muss man sie reif kaufen. Eine grüne Schale ist nicht zwingend ein Zeichen für unreife Exemplare, sie hat vor allem etwas mit den Temperaturen zum Erntezeitpunkt zu tun, das Aroma ist nicht zwingend schlechter. Entscheidend sind das Verhältnis von Zucker und Säure sowie der Saftgehalt. Wer größere Mengen an beispielsweise Orangen kauft, sollte zuvor also dringend ein Exemplar probieren.

> **Zitrusfrüchte reifen nicht nach. Man muss sie reif kaufen.**

SCHALE: BEHANDELT ODER UNBEHANDELT?

Bestes Aroma bei Raumtemperatur.

Mindestens 1 Woche bei luftiger, ungekühlter Lagerung haltbar.

Zitrusfrüchte lagern

Zitrusfrüchte sollten beim Genuss normale Raumtemperatur haben, nur so entfalten sie ihr volles Aroma. Mindestens 1 Woche halten sie ungekühlt – luftig sortiert in einem Obstkorb. Aber: Beim Lagern verlieren alle Zitrusfrüchte Feuchtigkeit, will man sie 2–3 Wochen lagern, ist ein kalter Keller ideal. Früchte verderben deutlich schneller, wenn sie nicht mit Schalenbehandlungsmitteln konserviert wurden. Immer wieder kontrollieren und **schimmelige Früchte sofort komplett entsorgen!**

Chemie auf der Schale

In der Schale von Zitrusfrüchten stecken leckere ätherische Öle, die Speisen eine besondere Note verleihen können. Zitrusfrüchte werden aber oft mit Oberflächenbehandlungsmitteln konserviert, um sie vor dem Verderb zu schützen. In dem Fall werden sie beispielsweise wie folgt gekennzeichnet: **„konserviert mit Thiabendazol". Bei diesen Früchten sollte man die Schale nicht verwenden.**

UNBEHANDELT? WAS HEISST DAS? Steht auf Zitrusfrüchten die Angabe „Schale unbehandelt", bedeutet das lediglich, dass die Schale nach der Ernte nicht mehr behandelt wurde. **Es ist aber nicht auszuschließen, dass die Früchte während ihres Wachstums mit Pestiziden besprüht wurden.**

Schalen nur von Biofrüchten verwenden!

Nur Schale von Biofrüchten essen

Wenn man die Schale verwenden will, sollte man auf Biofrüchte zurückgreifen. Sie wurden weder vor noch nach der Ernte behandelt. Vor dem Zubereiten allerdings aus hygienischen Gründen gut heiß abwaschen. Nicht behandelte Zitrusfrüchte sind aber empfindlich und man sollte, wenn man sie ein paar Tage aufheben will, darauf achten, dass die Schale absolut unbeschädigt ist, denn sonst beginnen sie sehr schnell zu schimmeln. Unbehandelte Orangen und solche in Bioqualität haben oft eine mattere Schale.

Aromatischen Abrieb einfrieren

Verschwenden Sie die duftende Schale nicht! Wann immer Sie Biozitrusfrüchte verarbeiten, reiben Sie zuvor die Schale mit einer feinen Reibe ab – **dabei sollten Sie wirklich nur die gelbe, orange oder grüne Schicht erwischen, denn die weiße schmeckt bitter.** Den Abrieb kann man einfach einfrieren, zum Beispiel in kleinen Vorratsbehältern. So haben Sie immer abgeriebene Zitronenschale zur Hand.

Vorsicht auch beim Pressen!
Rückstände von den Schalenbehandlungsmitteln gelangen beim Pressen auch schnell in den Saft. Entweder die Früchte vorher heiß waschen und trocken reiben oder beim Aufschneiden und Pressen besonders sorgsam vorgehen. Hinterher das Arbeitsbrett sowie die Hände sehr gut waschen.

> **Vor dem Pressen die Frucht heiß abwaschen, damit Rückstände von Schalenbehandlungsmitteln nicht in den Saft gelangen!**

Pressen: Wie erhalten Sie mehr Saft pro Frucht?
Starten Sie mit zimmerwarmen Früchten und **rollen Sie sie mit reichlich Druck von der Handfläche auf der Arbeitsfläche herum!** Das lässt die Membranen im Fruchtfleisch platzen, die den Saft normalerweise zurückhalten.

NUR EIN PAAR TROPFEN? Wer nur ein paar Tropfen Zitronen- oder Limettensaft braucht, kann die ganze Frucht einfach mit einem Zahnstocher anstechen und durch das Loch den Saft herausdrücken. Die Frucht hält so noch 1–2 Tage im Kühlschrank. **Man kann aber auch die ganze Frucht auspressen und den restlichen Saft in einem Eiswürfelbehälter einfrieren.** Besser noch: einfach ins Wasser mischen und direkt trinken.

> **Ausgepressten Saft kann man auch in Eiswürfelbehältern einfrieren.**

Zitronen: perfekte Putzhelfer
Zitronen schmecken nicht nur, sie helfen auch beim Hausputz. Nutzen Sie ausgepresste Zitronenhälften, um Ihren Wasserhahn oder Ihr Küchenspülbecken zu polieren, oder bestreuen Sie sie mit Salz und putzen damit Töpfe oder das Brettchen sauber. **Und ist der Backofen einmal verkrustet, hilft eine Paste aus Zitronensaft und Backnatron,** die man dünn aufträgt, antrocknen lässt und dann feucht abwischt.

Duftige Handseife
Manchmal riechen die Hände nach dem Zubereiten von beispielsweise Zwiebeln oder Fisch einfach unangenehm. Oder sieht man immer noch, dass Sie Rote Bete oder Kirschen verarbeitet haben? So werden Sie Geruch und Farbe schneller los: **Reiben Sie Ihre Hände gründlich mit einer aufgeschnittenen Zitrone ein, lassen Sie den Saft etwas einwirken und waschen Sie Ihre Hände wie gewohnt.**

> **Geruch und Farbe an Händen loswerden: mit einer Zitrone einreiben, einwirken lassen und Hände danach waschen.**

Kaffir-Limettenblätter
Sie sind fest, dunkelgrün und glänzend – und Kaffir-Limettenblätter verströmen ein appetitliches Zitrusaroma. In der asiatischen Küche gehören sie zu vielen Gerichten. Bei uns bekommt man sie getrocknet in gut sortierten Supermärkten oder aber frisch in asiatischen Lebensmittelgeschäften. Kaffir-Limettenblätter kann man im Ganzen mitkochen und vor dem Servieren entfernen oder man mörsert die getrockneten Blätter zu einem Pulver und schmeckt das Gericht individuell ab.

Scaloppine mit Amalfi-Zitrone und Ofenkartoffeln

Selten ist ein Gericht so einfach gemacht und gleichzeitig so elegant. Wichtig sind beste Zutaten – weder am Kalbfleisch noch an den Zitronen sollte man sparen. Dann ist der perfekte Genuss garantiert. Wenn Sie keine Amalfi-Biozitrone bekommen, können Sie diese auch durch eine normale Biozitrone ersetzen. Verwenden Sie dann aber eine ganze Frucht, denn Amalfi-Zitronen sind sehr groß und auch aromatischer.

Für 4 Personen

Für die Kartoffeln

500 g kleine festkochende Kartoffeln
2 EL Olivenöl
Salz

Für die Scaloppine

500 g Kalbfleisch aus dem Rücken (z. B. Oberschale)
½ dicke große Amalfi-Biozitrone
1 EL Butterschmalz
200 ml trockener Weißwein
100 ml Kalbsfond aus dem Glas
1 Bund glatte Petersilie
Salz
frisch gemahlener weißer Pfeffer
1 EL Butter

Zubereitungszeit ca. 20 Minuten plus 40 Minuten Garzeit

Für die Kartoffeln den Backofen auf 180 °C Ober-/Unterhitze vorheizen. Die **Kartoffeln** gut waschen, mit Schale halbieren und in eine Auflaufform geben. Das **Öl** darüberträufeln, mit **Salz** bestreuen, gut vermengen und im vorgeheizten Ofen 40 Minuten garen. • Etwa 20 Minuten vor Ende der Garzeit für die Scaloppine das **Fleisch** in vier dünne Scheiben schneiden und mit dem Fleischklopfer dünn plattieren. Die halbe **Amalfi-Zitrone** längs halbieren und in dünne Scheiben schneiden. • **Butterschmalz** in einer großen Pfanne erhitzen und das Fleisch darin nacheinander bei mittlerer bis hoher Hitze von beiden Seiten kurz braten – pro Seite etwa 1 Minute. Die Scaloppine auf einen Teller legen. • Die Zitronenscheiben in die gleiche Pfanne geben und bei mittlerer Hitze 2–3 Minuten anschwitzen. Mit dem **Weißwein** ablöschen, den **Fond** zugießen und dann kräftig einkochen. • Währenddessen die **Petersilie** waschen, trocken schleudern und hacken. Die Fleischscheiben mit **Salz** und **Pfeffer** würzen. • Die **Butter** in die Pfanne geben und einrühren. Petersilie hinzufügen, die Scaloppine zugeben und kurz warm ziehen lassen. • Die Auflaufform aus dem Ofen nehmen und die Kartoffeln auf vier Teller verteilen. Die Scaloppine mit Zitronenscheiben und Sauce daneben anrichten und servieren.

Entenbrust mit Zitrus-Couscous und Kokossauce

Asia-Fans aufgepasst! Ich serviere Ihnen ein Aromenspektakel, das seinesgleichen sucht: eine interessante Mischung aus Couscous-Gemüse mit Zitrusfrüchten und Cashewkernen, dazu köstliche Ente, umfangen von würzig-cremiger Kokossauce!

Für 4 Personen

Für das Couscous

200 g Cashewkerne
1 Bund Koriander
2 Karotten (insg. ca. 180 g)
300 g Couscous
1 Pomelo (ca. 500 g)
1 Grapefruit (ca. 350 g)
3 EL Olivenöl
Saft von 1 Zitrone
Salz

Für die Ente

2 Entenbrüste (à 250–300 g)
Salz
frisch gemahlener schwarzer Pfeffer

Für die Sauce

400 ml Kokosmilch
3 getrocknete oder tiefgefrorene Kaffir-Limettenblätter
2 TL gelbe Currypaste
Saft von 1 Limette

Zubereitungszeit ca. 25 Minuten

Den Backofen auf 180 °C Ober-/Unterhitze vorheizen. • Für das Couscous die **Cashewkerne** in einer Pfanne ohne Fettzugabe anrösten, dann grob hacken. **Koriander** waschen, trocken schütteln, die Blätter abzupfen und hacken. • Für die Ente eine Pfanne ohne Fettzugabe erhitzen. Die **Entenbrüste** mit der Hautseite nach unten hineingeben und bei mittlerer Hitze je nach Größe etwa 4–5 Minuten braten. Wenden und von der Fleischseite noch 1–2 Minuten braten. • In der Zwischenzeit die **Karotten** schälen, mit dem Sparschäler in feine Streifen schneiden und in einen Topf geben. 250 ml Wasser zugießen, aufkochen und kurz dünsten. Den **Couscous** einrühren und nach Packungsangaben quellen lassen. • Für die Sauce die **Kokosmilch** mit den **Limettenblättern** in einen Topf geben und kurz aufkochen. Dann **Currypaste** und **Limettensaft** einrühren und warm halten. • Die Entenbrüste in eine Auflaufform geben und im vorgeheizten Ofen etwa 6 Minuten zu Ende garen. • **Pomelo** und **Grapefruit** dick schälen, sodass die weiße Haut mit entfernt wird. Die Spalten aus den Trennwänden lösen, in Stücke schneiden und mit dem ausgetretenen Saft zum Couscous geben. • **Olivenöl** und **Zitronensaft** einrühren, geröstete Cashewkerne und gehackten Koriander hinzugeben und mit **Salz** abschmecken. • Die Auflaufform aus dem Ofen nehmen und die Entenbrüste etwa 2 Minuten ruhen lassen. In Scheiben schneiden und mit **Salz** und **Pfeffer** würzen. • Den Zitrus-Couscous auf vier Teller verteilen, die Entenbrustscheiben mit der Kokossauce darauf anrichten und servieren.

WARENKUNDE

Fisch

Fisch kann die Speisekarte enorm bereichern, kann Gäste aber auch vertreiben – einfach Geschmackssache. Es braucht aber gar nicht viel, um Fischfans glücklich zu machen. Fisch einfach rein in die Pfanne und gut ist. Oder panieren und rein in die Pfanne und gut ist. Oder rein in den Ofen und gut ist ...

Geschenk aus dem Wasser

Je nach Lebensraum werden Süßwasser- und Salzwasserfische unterschieden. Süßwasserfische leben in Flüssen und Seen, die größte Gruppe bilden die Karpfenartigen, gefolgt von den Lachsartigen, die Teile ihres Lebens im Meer verbringen.

Salzwasserfische leben ganzjährig im Meer. Sie werden unterteilt in Tiefseefische und Fische, die in den Küstenbereichen in Wassertiefen von bis zu 200 Metern leben.

Es gibt mehr als 30.000 Arten, von denen allerdings viele durch die Verschmutzung der Meere und Überfischung vom Aussterben bedroht sind.

Fett oder mager?

- **Fettfische:** 10–30 Prozent Fett (Lachs, Hering, Makrele, Thunfisch, Aal)
- **Mittelfette Fische:** 2–10 Prozent Fett (Rotbarsch, Sardine, Dorade, Forelle)
- **Magerfische:** weniger als 2 Prozent Fett (Kabeljau, Alaska-Seelachs, Scholle, Seezunge, Butt, Zander)

Deutschlands Lieblinge: Lachs und Alaska-Seelachs

Die Auswahl an Fisch ist riesig, Favoriten der Deutschen sind Lachs und Alaska-Seelachs, dicht gefolgt vom Hering. Der Alaska-Seelachs ist allerdings nicht näher mit dem Lachs verwandt, sondern gehört zur Gruppe der Dorsche. Die Fischindustrie hat ihn vergleichsweise spät für sich entdeckt. Erst seit 1984 wird er kommerziell mit großen Schleppnetzen im Nordpazifik gefischt. Er wird bei uns fast ausschließlich als Tiefkühlprodukt – vor allem in Fertiggerichten – angeboten. Lachs hingegen wird am liebsten geräuchert gegessen.

> **Alaska-Seelachs gehört zur Gruppe der Dorsche und ist nicht mit dem Lachs verwandt.**

So gesund ist Fisch

Sowohl Süß- als auch Salzwasserfische enthalten wichtige Nährstoffe wie leicht verdauliches Eiweiß, die Vitamine B_2, B_6 und B_{12} sowie Mineralstoffe und Spurenelemente. **Eine Portion Seefisch deckt zudem den Tagesbedarf eines Erwachsenen an Jod und Selen.** Fettfische enthalten außerdem Vitamin D, das die Einlagerung von Kalzium in den Knochen erleichtert. Meeresfische enthalten viel von der Wunderwaffe „Omega 3“: Die ungesättigten Fettsäuren sind gut für Herz, Gehirn und Immunsystem. Hier gilt die Faustregel: **Je fischiger ein Fisch schmeckt, desto mehr Omega-3-Fettsäuren enthält er.**

Unerwünschte Stoffe

Viele Tests haben gezeigt: Fisch aus Zuchtfarmen können Mastbeschleuniger, synthetische Vitamine, Farbstoffe und/oder Antibiotikarückstände enthalten. Auch krebserregende Naturstoffe wurden in Tieren aus Aquakulturen nachgewiesen. Seefisch kann mit Schwermetallen wie Quecksilber und toxischen Chemikalien belastet sein, die mit Krebserkrankungen und Störungen des Nervensystems in Verbindung gebracht werden. Das trübt den Appetit auf Fisch.

EXPERTEN GEBEN ENTWARNUNG In Deutschland wird Speisefisch engmaschig kontrolliert. Die Behörden sind der Meinung, dass die gesundheitlichen Vorteile des Fischverzehrs deutlich überwiegen. Sobald Grenzwerte für gefährliche Substanzen erreicht werden, greift die Lebensmittelüberwachung ein.

SO BLEIBT FISCH FRISCH

Frisch, aber gefroren?

Frischer Fisch ist ein empfindliches Lebensmittel. Er wird darum noch auf dem Fangschiff verarbeitet, oft sogar direkt eingefroren. **Deshalb bekommt man vielerorts keinen wirklich fangfrischen Fisch im Handel, sondern aufgetauten – das muss aber auf der Packung oder auf Schildern gekennzeichnet sein.**

Abgepackten, „frischen" Fisch gibt es auch immer öfter in den Kühltheken von Supermärkten, oft ist er viel teurer als die Tiefkühlware. Allerdings war auch diese vermeintlich fangfrische Ware meist schon eingefroren.

SO ERKENNT MAN FRISCHEN FISCH!

- **Vertrauen Sie auf Ihre Nase: Frischer Fisch soll frisch und nach Meer riechen, aber keinesfalls streng fischig.**
- Die Schuppen sollen glänzen und von einer klaren Schleimschicht überzogen sein.
- Die Kiemen eines frischen Fisches sind feucht, glänzend, kräftig rot und fleckenfrei.
- Die Augen sollten klar sein und sich straff nach außen wölben.
- Drückt man einen Finger in das Fischfleisch, soll es sich fest anfühlen.
- Die Bauchhöhle des ausgenommenen Fischs sollte makellos sauber sein; können Sie Blutreste sehen, sollten diese hellrot sein.
- Flossen sollten feucht und unbeschädigt sein.

So bewahren Sie Fisch am besten auf

Frischer Fisch schmeckt köstlich und ist zudem gesund. Damit das so bleibt, sollten Sie bei der Lagerung einige Tipps beachten, denn nicht umsonst wurde das Sprichwort geprägt, dass der beste Aufbewahrungsort für frischen Fisch die Pfanne sei.

Kühlschranktemperatur von 7 °C ist für einen Fisch zu warm!

- Achten Sie beim Kauf darauf, dass der Fisch möglichst frisch und von guter Qualität ist – je frischer, desto gefahrloser können Sie ihn aufbewahren.
- **Die übliche Kühlschranktemperatur von rund 7 °C ist zu warm, um Fisch länger als 1 Tag zu lagern.** Wenn Ihr Kühlschrank nicht tiefer kommt, legen Sie den Fisch mit Eiswürfeln in eine Schüssel und verschließen diese gut. So hält er etwa 2 Tage. **Achtung: Der Fisch soll dabei auf keinen Fall im Schmelzwasser liegen!**

So bereiten Sie Fisch küchenfertig vor

Fisch vom Händler ist meistens schon ausgenommen. So bereiten Sie ihn weiter vor:

- Spülen Sie den Fisch innen und außen ab und tupfen ihn trocken.
- Ist der Fisch noch nicht geschuppt, fassen Sie ihn beherzt am Schwanz und schaben die Schuppen vom Schwanz zum Kopf hin mit der stumpfen Seite eines großen Messers ab. Man kann auch einen Entschupper kaufen. Vorsicht: Die Schuppen können dabei wild in der Gegend herumfliegen.
- Seitenflossen mit einer Schere abschneiden.

Fragwürdige Produktionsmethoden

Wie beim „frischen" Fisch beschrieben, gilt auch hier: Ein großer Teil der Ware wird zunächst auf den Fangschiffen eingefroren und dann in Fabriken zum Verarbeiten aufgetaut. Tiefkühlfisch in unseren Supermärkten wird dann erneut eingefroren. Dadurch kann das empfindliche Fleisch unter Umständen sehr trocken werden. Um die Qualität zu erhalten, werden Zusatzstoffe eingesetzt, die Wasser binden. Meist Di- und Polyphosphate oder Citronensäure. Der Fisch bleibt dadurch saftiger, auch werden unerwünschte Keime abgetötet. Diese Behandlung von Fisch ist erlaubt, aber nicht immer klar auf den Packungen gekennzeichnet. Und: Durch das zusätzlich gebundene Wasser wird der Fisch schwerer – und damit teurer.

Vorsicht, Gefrierbrand!

Fischfilets sind anfällig für Gefrierbrand. So bezeichnet man helle Verfärbungen am Rand eines tiefgekühlten Produkts, die vor allem durch Temperaturschwankungen, bei unsachgemäßer Lagerung und beschädigten Verpackungen entstehen. Die Stellen sind trocken und ledrig. Prüfen Sie also genau, ob die Packung beim Kauf intakt ist, und gehen Sie behutsam damit um.

Nicht zu lange lagern

Auch tiefgekühlten Fisch sollte man nicht zu lange lagern. Rotbarschfilet ist eigentlich weiß mit leicht rötlicher Färbung, oft sieht es eher grau aus. Das ist ein Zeichen für eine sehr lange Lagerung. Auch wenn auf der Packung eine Mindesthaltbarkeit von 2 Jahren angegeben ist, sollte man den Fisch nicht so lange im Gefrierfach lassen.

> **Ist Rotbarschfilet eher grau als rötlich, weist das auf eine lange Lagerung hin!**

> **Eine Lagerung von 2 Jahren sollte man unbedingt vermeiden!**

Darf man Fischgerichte wieder aufwärmen?

Generationen von Köchen rieten davon ab, Fischgerichte wieder aufzuwärmen – die Gefahr einer Lebensmittelvergiftung sei zu groß, denn Fisch enthält viel Wasser und Eiweiß, zersetzt sich deshalb leicht und verdirbt dann. **Wenn Sie einige Regeln beachten, müssen Sie etwaige Reste aber nicht entsorgen:**

- Kühlen Sie den Fisch so schnell wie möglich herunter, notfalls mithilfe eines Eisbads.
- Decken Sie die Schüssel luftdicht mit Frischhaltefolie ab oder füllen Sie das Essen in eine dicht schließende Frischhaltedose um.
- Bewahren Sie das Essen im Kühlschrank auf.
- Erhitzen Sie das Fischgericht am nächsten Tag 10 Minuten auf mindestens 70 °C, dann sollte einem gefahrlosen Genuss nichts im Wege stehen.
- **Ein zweites Mal sollten Sie den Fisch allerdings nicht mehr aufwärmen!**

Nachhaltiger Fischfang: das MSC-Siegel

Die Überfischung der Meere hat zu einem teilweise dramatischen Rückgang der Fischpopulation geführt. Aquakulturen aber sind Brutstätten für Krankheiten und belasten die Umwelt. Möchte man sich nicht auf heimische Süßwasserfische beschränken, kann man zu Fisch greifen, der nachhaltig gezüchtet oder gefangen wurde. Man erkennt ihn unter anderem an den Siegeln von Marine Stewardship Council (MSC), Aquaculture Stewardship Council (ASC), Naturland oder Followfish.

Schlemmerfilet à la bordelaise

Dieses sehr beliebte Tiefkühlgericht bereite ich ganz einfach selbst zu. Mit guter Butter und frischen Kräutern ist es schnell gemacht und schlägt in puncto Geschmack das Fertiggericht um Längen. Aber probieren Sie es selbst! Das Seelachsfilet können Sie auch beim Einkauf vom Fachpersonal entgräten lassen.

Für 4 Personen

Für den Fisch

1 Zwiebel
1 Knoblauchzehe
1 Bund glatte Petersilie
1 Bund Dill
120 g Butter
1 Prise Cayennepfeffer
1 Prise Paprikapulver edelsüß
Salz
frisch gemahlener schwarzer Pfeffer
100 g Paniermehl
4 frische Seelachsfilets (à 150 g)
1–2 EL frisch gepresster Zitronensaft
Rapsöl

Für den Spinat

500 g frischer Blattspinat
1 EL Olivenöl
Salz
frisch gemahlener schwarzer Pfeffer

Zubereitungszeit ca. 20 Minuten plus 20–25 Minuten Garzeit

Den Backofen auf 200 °C Umluft vorheizen. • Für den Fisch **Zwiebel** und **Knoblauchzehe** schälen und fein würfeln. **Petersilie** und **Dill** waschen, trocken schütteln, Blätter beziehungsweise Spitzen abzupfen und fein hacken. • Die **Butter** in einem Topf zerlassen. Zwiebel- und Knoblauchwürfel zugeben und bei mittlerer Hitze 2–3 Minuten anschwitzen. Petersilie und Dill mit **Cayennepfeffer, Paprikapulver,** einer Prise **Salz** und einer Prise **Pfeffer** zugeben. Dann das **Paniermehl** einrühren, sodass eine feste, breiartige Masse entsteht. Die Bordelaise-Masse vom Herd nehmen. • Um die restlichen Gräten von den **Seelachsfilets** zu entfernen, das Filet an den Bauchgräten keilförmig einschneiden, dann die Gräten herauslösen. Mit den Fingern prüfen, ob noch Gräten übrig geblieben sind. Die Seelachsfilets nun mit dem **Zitronensaft** beträufeln und von beiden Seiten **salzen.** • Ein Backblech mit **Rapsöl** ausstreichen und die Filets mit der Hautseite nach oben nebeneinander auf das Blech legen. Die Bordelaise-Masse auf die Filets auftragen und im vorgeheizten Ofen 15–20 Minuten garen. Dann den Backofengrill zuschalten und 5 Minuten gratinieren. • In der Zwischenzeit den **Spinat** verlesen, waschen und leicht trocken schütteln. Das **Olivenöl** in einer großen Pfanne oder einem großen Topf erhitzen. Den Spinat hineingeben, den Deckel aufsetzen und 1–2 Minuten zusammenfallen lassen. Mit **Salz** und **Pfeffer** würzen. • Backblech aus dem Ofen nehmen, die Schlemmerfilets mit dem Spinat auf vier Tellern anrichten und servieren.

Der perfekte Backfisch

Diese Köstlichkeit ist eine Sünde wert – weißfleischiger Fisch wird erst in einen weinlastigen Backteig getaucht und dann frittiert. Ist das lecker! Als Frittieröl empfehle ich raffiniertes Rapsöl, da es neutral im Geschmack ist. Den Backfisch entweder im Brötchen – nach Belieben mit Remoulade – servieren oder Kartoffel- oder Gurkensalat als Beilage dazu reichen.

Für 4 Personen
2 Eier (Größe M)
100 ml Weißwein
80 g Weizenmehl (Type 405) plus 2 EL Weizenmehl zum Mehlieren
Salz
2 l Rapsöl
4 Fischfilets (à 150 g; am besten Kabeljau oder Seelachs)
frisch gemahlener schwarzer Pfeffer

Außerdem
Küchenthermometer (falls vorhanden)

Zubereitungszeit ca. 25 Minuten
Für den Ausbackteig die **Eier** trennen. Das Eigelb mit **Weißwein** und **Mehl** und einer Prise **Salz** in eine Schüssel geben und verrühren. Das Eiweiß in einer anderen Schüssel mit dem Handrührgerät steif schlagen und unter die Eigelbmasse heben. • Das **Öl** in einen großen Frittiertopf oder eine große Fritteuse füllen und auf etwa 150 °C erhitzen. Falls kein Küchenthermometer vorhanden ist, zur Kontrolle einen Holzlöffelstiel ins Öl halten: Wenn sich die ersten Bläschen bilden, dann ist die Öltemperatur richtig. • Während das Öl erhitzt wird, die restlichen Gräten aus den **Fischfilets** entfernen und mit **Salz** und **Pfeffer** würzen. Das zusätzliche **Mehl** auf einen Teller streuen und die Fischstücke darin wenden. Durch den Ausbackteig ziehen und portionsweise im heißen Öl knusprig ausbacken – das dauert etwa 3–4 Minuten. Ist der Teig goldbraun gebacken, dann ist der Backfisch fertig. • Nun aus dem Öl heben und auf Küchenpapier 1 Minute abtropfen lassen. Den Backfisch genießen.

WARENKUNDE

Meeresfrüchte

Auf der ganzen Welt sind sie beliebt. Auch viele deutsche Gaumen sind hocherfreut, wenn Meeresfrüchte mit ihrem Duft nach Meer auf dem Teller landen. Ob Calamari, Scampi, Muscheln oder Garnelen – nicht jeder mag gleich alle, die Geschmäcker sind da oft sehr verschieden. Ich liebe Muscheln und auch Krustentiere, mit Tintenfisch hingegen habe ich es nicht so sehr.

VON KREBSEN, GARNELEN UND LANGUSTEN …

Alles aus dem Meer – eine kleine Warenkunde

Der Begriff „Meeresfrüchte" bezeichnet alle wirbellosen Tiere aus dem Meer. Sie werden in der Küchensprache wie folgt unterteilt: Schalentiere (Muscheln und Wasserschnecken), Weichtiere/Kopffüßler/Tintenfische sowie Krusten- beziehungsweise Krebstiere (Krebse, Garnelen, Scampi, Langusten und Hummer). Diese Aufteilung entspricht nicht ganz der biologischen Einordnung, bei der die Schalentiere zu den Weichtieren (Mollusken) zählen.

Namenswirrwarr bei Krustentieren

Die Auswahl an Krustentieren ist groß. Bei den unterschiedlichen Bezeichnungen gibt es allerdings immer wieder Verwirrung. Das beste Beispiel ist die allseits beliebte Nordseekrabbe. Sie ist gar keine Krabbe, sondern gehört zu den Garnelen. Krabben wiederum sind eigentlich Krebse. Scampi dagegen sind keine Garnelen, sondern die italienische Bezeichnung für Kaisergranat, die Spanier sagen Langustino. Der Kaisergranat ist größer als die Garnele und stammt überwiegend aus dem Nordostatlantik. Die Tiere haben eine härtere Schale als Garnelen und sind gut an ihren Scheren zu erkennen. **Dennoch kann es passieren, dass in der Pizzeria um die Ecke auf der Karte Scampi angepriesen werden, auf dem Teller dann aber Garnelen liegen.**

Langusten sind große Tiere, genau wie die Hummer, haben im Gegensatz dazu aber keine mächtigen Scheren, sondern extrem lange Antennen.

> **Die Nordseekrabbe ist keine Krabbe, sondern gehört zu den Garnelen.**

> **Krabben sind Krebse.**

> **Scampi sind keine Garnelen, sondern die italienische Bezeichnung für Kaisergranat.**

Garnelen: Deutschlands Favoriten

Bei uns sind Garnelen die beliebtesten Meeresfrüchte, in Spanien heißen sie Gambas, in England Shrimps oder Prawns. Sie unterscheiden sich nach Herkunft und Größe.

DIE WICHTIGSTEN DREI:

- **Nordseekrabben** leben bis zu 20 Meter tief, besonders an der deutschen und holländischen Nordseeküste. Sie sind 5–7 cm groß.
- **Eismeergarnelen oder Krevetten** kommen in Tiefen von 200 bis 700 Metern in nahezu allen größeren Meeren vor. Sie sind durchschnittlich 16 cm lang und rosafarben.
- **Riesengarnelen** können bis zu 30 cm groß werden und kommen aus Pazifik, Atlantik und dem Indischen Ozean. Die größeren Garnelen werden meist gefroren verkauft.

Aquakultur: ein schmutziges Problem

80 Prozent aller Garnelen stammen aus Aquakultur. In angelegten Teichen werden sie auf die richtige Größe gebracht. Um Krankheiten zu verhindern, setzen die Garnelenbauern prophylaktisch häufig Medikamente und Pestizide ein. Rückstände davon verschmutzen das Wasser der Zuchtbecken und das Meerwasser in der Umgebung. Wer umweltfreundlich handeln möchte, kauft Garnelen aus Bioaquakultur mit einem Naturland- oder Demeter-Siegel. Auch das Aquaculture Stewardship Council (ASC) steht für nachhaltige, umweltschonende Aufzucht. Tiefsee- oder auch Nordseegarnelen stammen nicht aus Aquakulturen.

> **Umweltbewusst handeln: Garnelen aus Bioaquakulturen mit einem Naturland- oder Demeter-Siegel kaufen.**

GARNELEN-EINMALEINS

Vereister Klumpen in der Verpackung? Dann waren die Garnelen schon mal angetaut!

Schütteltest im Supermarkt

In Supermärkten finden sich Garnelen aller Größen und Qualitäten: aus Wildfang, Aquakultur und Bioaquakultur. Garnelen sind generell nicht überfischt, sondern werden oft nur gezüchtet, um die Nachfrage nach preiswerten Garnelen zu befriedigen. Bevor Sie sie einpacken, sollten Sie das Paket schütteln: Befindet sich ein vereister Klumpen in der Verpackung, waren die Garnelen schon mal angetaut. Am besten ist es, wenn einzelne Garnelen von einer Eisglasur umgeben sind, die sie schützt. Wenn bei Krustentieren oder Fisch der Begriff „Wasser" in der Zutatenliste steht, bezieht sich das in der Regel auf eine solche Wassereisglasur. Garnelen, die ohne Glasur lose im Pappkarton verpackt sind, sind besonders anfällig für Gefrierbrand.

Wie taut man tiefgefrorene Garnelen auf?

Sie sollten die Garnelen aus der Verpackung nehmen, in ein sauberes Küchenhandtuch einwickeln und in ein Sieb legen. Das hängen Sie in eine Schüssel und stellen alles in den Kühlschrank. Der Vorteil dieser Methode: Die Garnelen liegen nicht im eigenen Saft und werden durchgängig gekühlt, denn sowohl übermäßige Feuchtigkeit als auch Zimmertemperatur tragen dazu bei, dass sich Bakterien vermehren.

Riechtest: Garnelen sollten nicht übertrieben fischig, ebenso wenig nach Ammoniak oder Salmiak riechen. Wenn das der Fall ist, sind sie verdorben!

Sind meine Garnelen schlecht?

Garnelen sollten wie alles Meeresgetier nicht übertrieben fischig riechen, sondern nach Meer. **Nehmen Sie einen Ammoniak- oder Salmiakgeruch wahr, sind sie verdorben und sollten entsorgt werden.** Frische Garnelen sollten außerdem eine knackige Konsistenz haben und keinesfalls gummiartig sein. Ihr Fleisch sollte weder faserig noch pappig wirken und die Oberfläche darf nicht schmierig sein.

Sie sind höchstens noch 2 Tage nach der Zubereitung haltbar!

Meeresfrüchte aufbewahren? Lieber nicht!

Allen Meeresfrüchten gemeinsam ist eine schlechte Lagerfähigkeit – da ihre Eiweißstruktur leicht zerfällt, verderben sie schnell. Sie sollten so frisch wie möglich – am Kauftag oder gleich nach dem Auftauen – zubereitet werden. Nach der Zubereitung höchstens 2 Tage im Kühlschrank aufbewahren.

Krabben pulen einfach erklärt

An der See kann man morgens frisch gekochte Krabben frisch vom Fischkutter kaufen. Bevor man sie genießen kann, müssen sie „gepult", also geschält werden.

GEWUSST, WIE – KNACKEN, ZIEHEN, LÖSEN

- Krabbenkopf zwischen Daumen und Zeigefinger halten und mit der anderen Hand den Körper drehen, bis der Panzer aufknackt
- Schale vom Hinterleib abziehen
- Fleisch vom Kopf lösen
- Tipp: Köpfe und Schalen nicht wegwerfen, sondern eine köstliche Krabbensuppe daraus kochen!

Miesmuscheln – Saison ab September

Jedes Jahr ab September startet bei uns die offizielle Muschelsaison. Früher war es wichtig, dass Muscheln nur in Monaten mit „r" gegessen werden – also von September bis April –, denn es gab keine Kühlmöglichkeit für die empfindlichen Meeresfrüchte, die man aus diesem Grund in den Sommermonaten schlecht vom Meer ins Binnenland transportieren konnte. Außerdem laichen Miesmuscheln im Frühsommer und sind in dieser Zeit magerer und weniger schmackhaft. Und: Im Meerwasser vermehren sich im Sommer massenhaft winzige Algen (Algenblüte). Da Muscheln das Wasser filtern, nehmen sie auch dabei freigesetzte Algengifte auf, die für den Menschen schädlich sein können.

HEUTE GILT ALLERDINGS: Von Muscheln aus dem Handel geht in dieser Hinsicht das ganze Jahr über keine Gefahr mehr aus, denn bevor die Muscheln verkauft werden, lagern sie in der Regel einige Wochen in kontrollierten Wasserbecken, um mögliche Giftstoffe auszuspülen.

Klopf, klopf – und Schotten dicht!

Frische, also lebende Miesmuscheln riechen nach Meer und Algen und ihre Schalen sind fest verschlossen oder sollten sich bei leichtem Klopfen oder Zusammendrücken schließen. Ist das Fleisch orange, handelt es sich um eine weibliche Muschel, männliche sind heller. Geschmacklich macht das keinen Unterschied.

> **Die Schale der Miesmuschel ist fest verschlossen oder sollte sich beim Klopfen/Zusammendrücken schließen.**

Abgepackte Muscheln aus dem Supermarkt

In vielen Supermärkten kann man in Schutzatmosphäre abgepackte Muscheln kaufen. Bei +2 °C bis +7 °C halten sie sich bis zum Ablauf des Mindesthaltbarkeitsdatums. Die Muscheln sind hier größtenteils geöffnet und befinden sich in einer Art Schlafzustand, deshalb sollte man ihnen nach dem Öffnen der Packung rund 10 Minuten Zeit geben. Erst dann reagieren sie wieder richtig und schließen bei Berührung mit Wasser beim Abbrausen.

Tipps rund um Muscheln

- Frische und gegarte Muscheln halten 1–2 Tage im Kühlschrank.
- Die Nuss der Jakobsmuschel kann man roh einfrieren, ungekochte Miesmuscheln und Vongole besser nicht.
- Werfen Sie vor dem Zubereiten alle beschädigten Muscheln weg.
- Essen Sie nur nach dem Kochen weit geöffnete Muscheln.
- Gibt es nach dem Kochen nur einen sehr kleinen Spalt, war die Muschel in der Regel vor dem Kochen bereits tot. Also nicht mit Gewalt öffnen – gehen Sie hier kein Risiko ein.
- In einem großen Kochtopf mit wenig Flüssigkeit zubereiten, denn durch das Öffnen der Schalen vergrößert sich das Volumen der Muscheln erheblich.
- Bei großer Hitze und geschlossenem Deckel etwa 6–8 Minuten garen.
- Man muss sie nicht umrühren, denn sie dünsten im Wasserdampf.

> **Frisch gegarte Muscheln sind gekühlt 1–2 Tage haltbar.**

Björns Lieblings-miesmuscheln Asia-Style

Dieses Rezept stellt ein heimisches Traditionsgericht auf den Kopf – Miesmuscheln nach rheinischer Art. Anstatt sie traditionell mit einem Weißwein-Gemüse-Sud zu servieren, mixe ich Kokos und Curry hinein! Mit einem Hauch Exotik mag ich Muscheln tatsächlich am liebsten. Dazu passt knuspriges frisches Weißbrot oder Baguette, nach Belieben mit Butter bestrichen.

Für 2 Personen

2 kg frische Miesmuscheln
50 g Knollensellerie
100 g Süßkartoffel
3 EL Rapsöl
400 ml Kokosmilch
1 Prise Meersalz (Fleur de Sel)
½ TL frisch gemahlener schwarzer Pfeffer
½ TL frisch geriebene Ingwerwurzel
1 EL abgeriebene Biolimettenschale
1 EL frisch gepresster Limettensaft
½ TL Currypulver (Schärfe nach Belieben)
½ frische rote Chilischote (Schärfe nach Belieben)
1 kleine Karotte (ca. 70 g)
1 kleine Petersilienwurzel
1 Frühlingszwiebel
¼ reife Banane (ca. 50 g)

Außerdem

Spiralschneider oder Zestenreißer (alternativ ein Messer)

Zubereitungszeit ca. 35 Minuten

Beschädigte **Miesmuscheln** aussortieren und entsorgen. Die intakten Muscheln in eine mit Wasser gefüllte große Schüssel geben und gut reinigen, dabei die Muscheln, die beim Waschen offen bleiben, entsorgen. • **Sellerie** und **Süßkartoffel** schälen und in feine Würfel schneiden. Das **Öl** in einem großen Topf erhitzen und die Gemüsewürfel darin bei mittlerer Hitze 2–3 Minuten anschwitzen. • **Kokosmilch** und 100 ml Wasser angießen, dann **Salz, Pfeffer, Ingwer, Limettenabrieb** und **-saft** sowie **Currypulver** zugeben. Die **Chilischote** entkernen, waschen, in sehr feine Ringe schneiden und ebenfalls hinzufügen. Den Sud zum Kochen bringen und 5 Minuten köcheln lassen. • Währenddessen **Karotte** und **Petersilienwurzel** schälen und mit dem Spiralschneider in sehr dünne Streifen schneiden. Die **Frühlingszwiebel** putzen, waschen und in feine Ringe schneiden. Die **Banane** schälen und in dünne Scheiben schneiden. • Die gewaschenen Muscheln in den köchelnden Sud geben. Karotte und Petersilienwurzel sowie Frühlingszwiebel und Banane darübergeben, den Deckel aufsetzen (er sollte gut schließen) und einmal kräftig aufkochen lassen. Die Hitze reduzieren und die Muscheln 4–5 Minuten abgedeckt garen. • Die Miesmuscheln in zwei Schüsseln füllen und genießen, dabei Muscheln, die sich beim Kochen nicht geöffnet haben, aussortieren und entsorgen.

Krabbensalat

Edle Zutaten brauchen nicht viel drumherum. Etwas Dressing, einige frische Gemüsestückchen – das reicht dann schon. Wichtig ist, dass Sie Ihre Lieblingsgarnelen nehmen, seien es die kleinen Nordseegarnelen oder vielleicht lieber solche aus dem Eismeer. Die restliche Mayonnaise hält sich im Kühlschrank 1–2 Tage.

Für 4 Personen

Für die Mayonnaise

2 Eigelb (Größe M)
300 ml Pflanzenöl
1 Knoblauchzehe
Saft von ½ Zitrone
1–2 TL weißer Balsamico-Essig
1 TL Paprikapulver edelsüß
Salz

Für den Salat

Salz
1 Selleriestange (ca. 50 g)
½ Salatgurke (ca. 200 g)
300 g gegarte, geschälte Nordseegarnelen oder Eismeergarnelen (Krabben)
½ Bund Dill

Zubereitungszeit ca. 20 Minuten

Für die Mayonnaise das **Eigelb** mit dem Schneebesen in einer Schüssel schaumig rühren, dann langsam das **Öl** mit dem Schneebesen einarbeiten, bis die Masse steif wird. Die **Knoblauchzehe** schälen, klein schneiden, mit einer Messerklinge gut zerdrücken und dann in die Mayonnaise geben. Jetzt **Zitronensaft, Essig, Paprikapulver** und etwas **Salz** einrühren. • Für den Salat **Salzwasser** in einem Topf zum Kochen bringen. Die Fäden von der **Selleriestange** abziehen, Sellerie würfeln, im kochenden Wasser 1–2 Minuten blanchieren und abgießen. Die **Salatgurke** längs halbieren, entkernen und ebenfalls würfeln. • **Garnelen** in eine Schüssel geben. Nun Sellerie- und Gurkenwürfel hinzufügen, vermischen und 4–6 EL Mayonnaise unterheben. Den **Dill** abspülen und trocken schütteln. Einige Dillspitzen zum Garnieren beiseitelegen, den restlichen Dill hacken und in den Krabbensalat rühren. • Den Krabbensalat in vier Schalen füllen, mit Dill garnieren und servieren.

WARENKUNDE

Wild

Zarter Rehrücken, saftiger Wildschweinbraten oder kräftiges Hirschgulasch – Wildfleisch ist wirklich was Feines. Wildtiere führen in unberührter Natur ein freies Leben, essen, was Wald und Wiesen hergeben, und ein Transport zum Schlachthof bleibt ihnen erspart – so stellt man sich das vor. Aber: Das ist nicht immer der Fall! Woher stammt das angebotene Wildfleisch, das bei Kennern so beliebt ist? Es schmeckt besonders aromatisch und lässt sich vielseitig zubereiten. Doch wie erkennt man gute Qualität?

WILD
ODER GATTER?

Wildbret – was soll das sein?
Wildbret ist das genießbare Fleisch von Wildtieren. Um welche Tiere es sich dabei handelt, ist im Bundesjagdgesetz festgeschrieben. Die wichtigsten Haarwildarten sind unter anderem Rehwild, Schwarzwild, Feldhasen, Rotwild (Hirsch) und Damwild. Die bedeutsamsten Federwildarten sind Wildtauben, Wildenten und Fasane.

> **Wildbret ist das genießbare Fleisch von Wildtieren.**

Wann hat Wild Saison?
Es ist gesetzlich festgelegt, wann welches Wild gejagt werden darf, Ausnahmeregelungen sind aber üblich. **Der Herbst ist Hochsaison für die Jäger.** Schwarzwild (Wildschweine) und Rehwild wird hierzulande am häufigsten erlegt. Die Jagd- und Schonzeiten sind nicht in allen Bundesländern gleich.

> **Im Herbst ist Hochsaison für Jäger.**

> **Schwarzwild (Wildschweine) und Rehwild wird in Deutschland am häufigsten erlegt.**

Wie wild lebt Wild?
Wildfleisch stammt nicht automatisch von einem in freier Natur geschossenen, herrenlosen Tier. Im Gegenteil: **Das meiste Wildbret in den Tiefkühltheken des Einzelhandels stammt von Tieren aus Gatterhaltung.** Vorteile: Das Fleisch von Gatterwild ist das ganze Jahr über verfügbar und es gelten die gleichen Hygienekontrollen wie für Fleisch von Rind oder Schwein. Auch ein Grund dafür, dass es durchaus als Tatar gereicht wird. Die größten Mengen Hirschfleisch stammen bei uns vor allem aus Neuseeland. Dort ist es üblich, die meist nur einjährigen Tiere mit Helikoptern zusammenzutreiben und in Schlachthäusern mit dem Bolzenschussgerät zu erlegen.

Auch in Deutschland ist die Gatterhaltung Praxis. Dam- und Rotwild wird im Gatter gehalten, **Rehfleisch stammt praktisch immer von wild lebenden Tieren.** Ihr Sozialverhalten sowie der Anspruch an den Lebensraum macht eine Gatterhaltung fast unmöglich.

Was schmeckt besser?
Das charakteristische Aroma von Wildbret ist manch einem zu intensiv, aber über Geschmack lässt sich nicht streiten. Ob Fleisch von wilden Tieren anders schmeckt als das von solchen aus Gatterhaltung, ist umstritten. Es gibt Stimmen, die sagen, geschmacklich gäbe es kaum Unterschiede, andere widersprechen dieser Aussage heftig. **Sicher ist, dass das Fleisch von Gatterwild deutlich mehr Fett hat.**

> **Das Fleisch von Gatterwild hat deutlich mehr Fett.**

WO KAUFEN, WIE LAGERN?

Kennzeichnung der Verarbeitungskette nicht vollständig.

Mangelhafte Kennzeichnung

Für den Verbraucher ist die Herkunft des Fleisches im Handel nicht immer nachvollziehbar. Anbieter müssen nur den letzten Betrieb der Verarbeitungskette kennzeichnen. Dieses Identitätskennzeichen sagt deshalb nicht, wo und wie das Tier aufgewachsen ist. **Heimisches Wild wird gern mit dem freiwilligen Logo „Wild aus der Region" gekennzeichnet,** das vom Deutschen Jagdverband vertrieben wird.

Wildbret aus der Region erhält man am besten bei einem vertrauenswürdigen Jäger. Am besten im Voraus planen und die Bestellung so genau wie möglich aufgeben.

Frisches Wildbret aus der Region

Es gibt nur noch wenige Wildfachgeschäfte, bei denen man Wildfleisch in allen Varianten kaufen kann. Gut vernetzte Fleischerfachgeschäfte bieten aber Wildbret auf Vorbestellung an. Eine gute Möglichkeit, an Wildbret aus der Region zu kommen, ist, einen Jäger zu finden, dem man vertraut. Hier bekommen Sie ganze Tiere im Haar- oder Federkleid, aber auch küchenfertige Teilstücke. Dabei sollte man immer im Voraus planen und die **Bestellungen am besten schon vorher aufgeben.** Auch das Verarbeitungsstadium und der Preis sollten dabei abgesprochen werden. Am teuersten sind Rücken und Keule, am günstigsten Hals, Brust und Bauch.

> **WIE FINDE ICH EINEN JÄGER?** Über Forstämter, Kreisjägerschaften oder im Internet erhält man Adressen von Wildfleischmetzgern, Revierinhabern und Jägern, die Wildbret vertreiben.

Vor dem Einfrieren nicht waschen und marinieren!

Wie lagern?

Frisches Wildfleisch muss nur 2–3 Tage bei rund 2 °C reifen, um am Ende zart und aromatisch zu sein. Dann bereitet man es am besten direkt zu. **Wild kann man aber auch gut bei mindestens –18 °C einfrieren.** Vor dem Einfrieren nicht waschen und nicht marinieren, dann verliert es nicht so schnell an Qualität. Es gilt: Gefrorenes Fleisch nicht jahrelang in der Truhe lassen!

Schonend auf einem Teller im Kühlschrank auftauen.

Wie auftauen?

Zum schonenden Auftauen auf einen Teller legen und in den Kühlschrank stellen. Dabei beachten, dass Fleischsaft austreten kann. **Die Auftauzeit richtet sich nach der Größe des Stücks,** man sollte aber schon mit rund 24 Stunden rechnen.

> **Risiko: Bleimunition**
> Wildbret zählt zu den am höchsten mit Blei belasteten Lebensmitteln, da sich Partikel der routinemäßig verwendeten Bleimunition im Tierkörper verteilen können. **Isst man nur gelegentlich Wild, ist das Gesundheitsrisiko zu vernachlässigen,** so das Bundesinstitut für Risikobewertung.

Gute Qualität erkennen

Das Fleisch hat abhängig von der Wildart und dem Teilstück unterschiedliche Farben, die auch sehr dunkel sein können. Es sollte aber nicht schwärzlich schimmern. **Hingegen ist es typisch, dass perfekt gereiftes Wildbret einen leicht säuerlichen Geruch hat.** Es darf aber weder nach Schwefel noch nach Ammoniak riechen.

NICHT MEHR ERWÜNSCHT: HAUT GOÛT. Früher ließ man das Fleisch absichtlich, um es mürbe werden zu lassen oder wegen mangelnder Kühlmöglichkeiten, mehrere Tage bei Raumtemperatur abhängen. Die Verwesung schreitet schnell voran und es entsteht ein Fäulnisgeruch und -geschmack. Dieser zu Deutsch „Hautgout" des Wildes war in milder Ausprägung sogar erwünscht, ist heute aber nicht mehr gefragt.

> **Das Fleisch sollte nicht schwärzlich schimmern oder nach Schwefel oder Ammoniak riechen.**

Spicken oder bardieren?

Früher, als es noch nicht überall Kühlschränke gab, wurde Wild beim Kochen gern mit Speck umwickelt oder gespickt – auch, um den teils fauligen Geschmack des gelagerten Fleisches zu übertünchen. Zudem musste das Fleisch sicherheitshalber komplett durchgegart werden. Dabei wurde es trocken, der fette Speck machte das Fleisch dann gefühlt wieder saftiger. **Heute ist das alles nicht mehr nötig oder üblich.**

Wichtige Infos fürs Garen

Wildbret kann man wie Rind oder Schwein zubereiten. Stammt es aus freier Wildbahn, sollte es nicht roh gegessen werden. Man sollte es aus hygienischen Gründen auch nicht bei Niedrigtemperatur garen. Hier wird die **erforderliche Kerntemperatur von rund 80 °C** nicht erreicht. 10 Minuten sollte das Fleisch diese Temperatur haben, damit unter Umständen Krankheitserreger absterben. Wenn man nach Ablauf der Garzeit mit einem Spießchen ins Fleisch sticht, sollte der austretende Saft klar sein.

> **Wildbret aus freier Wildbahn sollte nicht roh verzehrt werden. Es sollte mit der erforderlichen Kerntemperatur von 80 °C zubereitet werden.**

> **Nach Ablauf der Garzeit mit einem Spieß ins Fleisch stechen: Der auslaufende Saft sollte klar sein!**

Was schmeckt zu Wild?

- Diese Kräuter und Gewürze passen bestens zu Wild jeder Art: Liebstöckel, Majoran, Thymian, Rosmarin, Petersilie, Lorbeer, Piment, Nelken, Muskat, Wacholderbeeren.
- Als Sättigungsbeilagen schmecken besonders gut Kartoffeln, Maronen und Topinambur, manch einer mag Spätzle zu seinem Hirschgulasch.
- Beim Gemüse passen grüne Bohnen, Kohl, Pilze und Rüben hervorragend.
- **Das aromatische i-Tüpfelchen sind fruchtige Komponenten mit Beeren aller Art sowie Birnen.**

Geschmorter Hirschgulasch mit Preiselbeeren

Gulasch geht immer, aber mit Hirschfleisch ist es ein ganz besonderes Vergnügen. Damit das Wildaroma gut zur Geltung kommt, verzichte ich auf extravagante Gewürze. Nur Rotwein, der muss sein. Ein tolles Gericht, klassisch und gut. Dazu passen Spätzle oder Bandnudeln und fein gehackte Petersilie als Garnierung.

Für 4 Personen

¼ Sellerieknolle (ca. 150 g)
1 große Karotte (ca. 100 g)
1 Zwiebel
1 kg Hirschfleisch aus der Keule
2 EL Butterschmalz
400 ml Rotwein
1 Lorbeerblatt
3 Wacholderbeeren
3 EL Preiselbeeren aus dem Glas
1–2 TL Speisestärke, mit 2 EL Wasser angerührt (nach Bedarf)
Salz
frisch gemahlener schwarzer Pfeffer

Zubereitungszeit ca. 30 Minuten plus ca. 90 Minuten Garzeit

Den Backofen auf 180 °C Ober-/Unterhitze vorheizen. • **Selleriestück, Karotte** und **Zwiebel** schälen und fein würfeln. Das **Fleisch** in mundgerechte Würfel schneiden. • Das **Butterschmalz** in einem Bräter erhitzen und die Fleischwürfel darin bei hoher Hitze unter gelegentlichem Rühren 5–8 Minuten rundum kross anbraten. Sellerie-, Karotten- und Zwiebelwürfel zugeben, anrösten und mit etwas **Rotwein** ablöschen. Umrühren und verkochen lassen, dann wieder mit etwas **Rotwein** ablöschen und verkochen lassen. So fortfahren, bis der **Rotwein** aufgebraucht ist. • **Lorbeerblatt** und **Wacholderbeeren** hinzufügen, etwa 200 ml Wasser zugießen, den Deckel aufsetzen und im vorgeheizten Ofen etwa 90 Minuten schmoren. Dabei darauf achten, dass die Fleischmischung nie zu trocken wird, gegebenenfalls etwas Wasser nachgießen. • Den Bräter aus dem Ofen nehmen und die **Preiselbeeren** in das Hirschgulasch rühren. Sollte der Sud zu dünnflüssig sein, die angerührte **Speisestärke** einrühren und zum Binden kurz köcheln lassen. Zum Schluss mit **Salz** würzen, mit **Pfeffer** abschmecken und servieren.

Gebeizter Rehrücken mit Spitzkohl und Kirschen

Ein sehr feiner Braten brutzelt da in Ihrem Ofen, dieser wunderbar zarte Rehrücken, aber auch die Beize trägt ihren Teil dazu bei. Der Aufwand ist etwas höher, weil man das Fleisch des Öfteren bestreichen muss, aber ich verspreche Ihnen: Die Mühe lohnt sich! Ich empfehle dazu Schupfnudeln.

Für 6 Personen

Für den Kohl

1 Spitzkohl (ca. 800 g)
50 g Butter
50 ml Gemüsebrühe
Salz
frisch gemahlener schwarzer Pfeffer

Für das Fleisch

1 kg Rehrückenfilet (ohne Knochen)
50 g Butter
4 EL Honig
50 ml weißer Portwein
4 ganze Sternanise
Salz

Für die Kirschen

2 Schalotten
200 g entsteinte getrocknete Sauerkirschen
1 EL Butter
50 ml roter Portwein
½ EL Zucker
1 Prise Salz
1 Prise frisch gemahlener schwarzer Pfeffer

Zubereitungszeit ca. 20–25 Minuten plus ca. 20 Minuten Garzeit

Den Backofen auf 110 °C Ober-/Unterhitze vorheizen. • Für den Kohl den **Spitzkohl** waschen und den Strunk herausschneiden. Dann an der Spitze beginnend in feine Streifen schneiden und beiseitestellen. • Für das Fleisch das **Rehrückenfilet** mit einem scharfen Messer von Sehnen, Haut und Fett befreien. • Die **Butter** in einer großen Pfanne erhitzen und das Rehrückenfilet bei mittlerer bis hoher Hitze von beiden Seiten kurz darin anbraten, dabei darauf achten, dass das Fleisch nicht zu stark angebraten wird, sonst leidet es geschmacklich. Herausnehmen und auf ein Backofenrost setzen. • Den **Honig** in die Pfanne geben und auf mittlerer Stufe erhitzen. Dann mit dem **weißen Portwein** ablöschen und die **Sternanise** mit etwas **Salz** zugeben. Die Beize einkochen lassen, bis sie dickflüssig ist. • Das Rehrückenfilet mit der Honig-Sternanis-Beize bestreichen, in den vorgeheizten Ofen schieben, eine Fettpfanne darunter platzieren und etwa 20 Minuten garen, dabei immer wieder mit der Beize einpinseln. • Währenddessen für den Kohl die **Butter** in einem großen Topf zerlassen und den Spitzkohl darin bei mittlerer Hitze anschwitzen. Die **Gemüsebrühe** zugießen, mit **Salz** und **Pfeffer** würzen, den Deckel aufsetzen und etwa 10 Minuten garen. • Inzwischen für die Kirschen die **Schalotten** schälen und in feine Würfel schneiden. Die **Sauerkirschen** vierteln. Die **Butter** in einem Topf erhitzen und die Schalotten darin bei mittlerer Hitze goldbraun anrösten. • Dann die Sauerkirschen einrühren und mit dem **roten Portwein** ablöschen. **Zucker, Salz** und **Pfeffer** hinzufügen und leicht reduzieren lassen. • Das Rehrückenfilet aus dem Ofen nehmen und etwa 2 Minuten ruhen lassen. Dann in Scheiben schneiden, mit Spitzkohl und Kirschen auf sechs Tellern anrichten und servieren.

WARENKUNDE

Huhn

Ob gebraten, gegrillt oder gekocht – Hühnchenfleisch ist ein Alleskönner und macht so fast jeden Fleischfan glücklich. Bei all der Euphorie gibt es aber gerade beim Huhn einiges, ja sogar Lebenswichtiges, zu beachten – beim Kauf und in der Küche.

Hähnchenfleisch – gut? Günstig? Gesund?

Noch nie ist in Deutschland so viel Geflügelfleisch auf den Tisch gekommen wie heute. Besonders beliebt ist Hähnchenfleisch, gefolgt von Pute, Ente und Gans. Aber beim Fleischgenuss geht es um mehr als nur um den Geschmack. Björn Freitag sagt dazu: „Hähnchenfleisch bereichert unseren Speiseplan. Aber die intensive Geflügelmast bringt für die Tiere, die Umwelt und die Verbraucher viele Probleme mit sich. Ich sehe die größte Chance, diese auszumerzen, darin, dass wir alle umdenken und auf mehr Klasse statt Masse setzen. Weniger Fleisch, dafür mehr Genuss."

> **Mehr Klasse statt Masse. Weniger Fleisch, dafür mehr Genuss!**

Fleisch ist nicht gleich Fleisch

Freilandhühner sind robuster als ihre Artgenossen aus der Stallmast. Sie wachsen oft langsamer und bewegen sich mehr, das wirkt sich gemeinsam mit dem Futter auf die Qualität des Fleisches aus. **Brust und Keule von Hühnern, die frei herumtoben konnten, schmecken in der Regel aromatischer, sind auch saftiger, fester und gerade in der Keule etwas dunkler.** Bei Turbogeflügel kann sich das sogenannte intramuskuläre Fettgewebe nicht richtig ausbilden. Wenn die Muskeln nicht gut trainiert sind, kommt es in der Pfanne schnell zu einem Verlust von Wasser – das Fleisch wird trocken und zäh.

> Verbraucher empfinden Masthähnchenfleisch manchmal als zarter als das eher bissfeste Fleisch von freilaufenden Hühnern. Man sollte hier aber nicht weich und wabbelig mit zart verwechseln.

Noch ganz frisch?

Wer ein frisches Stück Fleisch zubereiten will, macht zunächst den Check: Ist es wirklich von guter Qualität? Man muss schon genauer hinsehen. Und? Sieht es unauffällig aus? Ideal ist, wenn das Fleisch fest und prall ist und leicht feucht glänzt. Federn oder Blutbahnen sollten nicht zu sehen sein. Auch das Riechen sollte man sich nicht ersparen: Der Geruch muss typisch und appetitlich sein.

Suppenhuhn oder Poularde?

Zum Braten oder Grillen eignen sich Hähnchen oder Poularden. Bei Suppenhühnern handelt es sich um ältere Legehennen, deren Fleisch vergleichsweise aromatisch ist, da es von mehr Fettgewebe durchzogen ist. Die Garzeit ist allerdings länger als die von Hähnchen, kocht es zu kurz, ist es am Ende zäh. Auch aus Hähnchen kann man im Grunde Suppen kochen, diese werden dann aber weniger fett.

TIPPS ZUR LAGERUNG

Bei einer Temperatur von 2 bis 4 °C kann man abgepacktes Hähnchenfleisch im Kühlschrank lagern. ‹

Besser ist es immer, es sofort zu verzehren. ‹

Wenn, dann richtig aufbewahren

Frisches Hähnchenfleisch hebt man am besten gar nicht erst auf. Ist der Kühlschrank kalt genug, hat also zumindest Bereiche, in denen maximal 2–4 °C herrschen, kann man das Fleisch bis zum auf der Packung angegebenen Verbrauchsdatum aufheben. Ist der Kühlschrank wärmer, was leider oft der Fall ist, das Fleisch spätestens am nächsten Tag zubereiten. Lose abgepacktes Hähnchenfleisch aus der Tüte oder dem Papier nehmen und diese(s) sofort wegwerfen. Eine saubere Schale – gut verschlossen – eignet sich zum Aufbewahren im Kühlschrank. Luftdicht in Schutzatmosphäre abgepacktes Fleisch kann in der Packung bleiben.

„ZU VERBRAUCHEN BIS …" Das Verbrauchsdatum wird bei frischem Fleisch auf die Packung gedruckt. Spätestens bis zu diesem Tag muss das Fleisch gegart werden.

Rohes Geflügel kann man auch selbst einfrieren, der Froster muss aber mindestens –18 °C haben. ‹

Einfrieren – kein Problem

Rohes Geflügel kann man auch selbst einfrieren. Das Tiefkühlfach muss mindestens –18 °C haben. Allerdings sollte man sich bewusst sein, **dass das Fleisch dadurch an Qualität verlieren kann.** Unter Umständen können die Zellen platzen, Fleischsaft tritt aus und das Fleisch wird sehr trocken. Auch hier muss strenge Hygiene beachtet werden. Aus hygienischer Sicht ist es aber überhaupt kein Problem, gegartes Hähnchenfleisch einzufrieren.

Qualitätsmängel bei Tiefkühlware

1. Gefrierbrand zeigt sich in gelblich-grauen rundlichen Stellen auf der Haut. Das darunterliegende Fleisch ist ausgetrocknet und strohig. Das passiert, wenn die Verpackung beim Frosten beschädigt ist, das Fleisch ist an den Stellen gefriergetrocknet. **Der Gefrierbrand ist ein Qualitätsmangel, das Produkt ist jedoch nicht verdorben.**
2. Schneebildung in und auf der Verpackung beruht auf stark schwankenden Lagertemperaturen. Dabei verdunstet Wasser aus dem Produkt. Diese Flüssigkeit bildet dann später Eiskristalle – den „Schnee" – in der Verpackung. Ob die Fleischqualität gelitten hat, ist im Einzelfall zu prüfen.

Auftauen – gewusst, wie!

Tiefgefrorenes Geflügel muss vor der Zubereitung aufgetaut werden. Dazu nimmt man es aus der Verpackung und legt es am besten in ein Gefäß mit Siebeinsatz und Deckel. Dann ab in den Kühlschrank damit, auch wenn das Auftauen hier deutlich länger dauert. Das Auftauwasser danach wegschütten – es darf auch auf keinen Fall mit anderen Speisen in Kontakt kommen, dort könnten Keime drin sein.

Wichtig: Niemals rohes, tiefgefrorenes Fleisch auftauen und dann wieder einfrieren! Die Keimbelastung würde in die Höhe schießen.

> **Tiefgefrorenes Geflügel muss vor der Zubereitung immer aufgetaut sein: Tauen Sie das Fleisch immer im Kühlschrank auf, auch wenn das länger dauert!**

> **Aufgetautes Fleisch niemals wieder einfrieren!**

Hygiene, Hygiene, Hygiene!

Auch wenn es gut eingeschweißt oder tiefgefroren war: Geflügelfleisch ist nicht steril. Im Gegenteil: Häufig ist es mit vielen Keimen belastet. Zum einen findet man ungefährliche Keime, die nur Indikatoren für Frische und die generelle Hygiene bei der Verarbeitung sind. Zum anderen kommen im Geflügel aber leider auch Krankheitserreger vor. Dazu zählen Salmonellen, Listerien, Escherichia coli oder Campylobacter. Frost kann ihnen nichts anhaben, sie vermehren sich im Tiefkühlfach zwar nicht, aber beim Auftauen legen sie mit der Vermehrung los. Deshalb sollte man bei der Zubereitung von Geflügelfleisch streng auf die Hygiene achten. Manch einer wäscht das Geflügelfleisch vor der Zubereitung und tupft es dann trocken. Das sollte man sich besser sparen – mit dem umherspritzenden Wasser können gefährliche Bakterien überall verteilt werden.

WICHTIGE TIPPS ZUM UMGANG MIT HÄHNCHENFLEISCH Kühlkette einhalten, nicht lange lagern, Hände und alle Utensilien nach Kontakt mit dem Fleisch gut mit heißem Wasser und Seife waschen. Und immer gut durchgaren!

> **Vor der Zubereitung das Geflügelfleisch nicht waschen und trocken tupfen. Durch das herumspritzende Wasser können gefährliche Bakterien verteilt werden.**

> **Hände und Utensilien nach Kontakt mit Fleisch mit heißem Wasser und Seife waschen!**

Wichtige Kochtipps

Hähnchen passt zu fast allem – wichtig ist nur, das Fleisch immer gut durchzugaren. Bei einer Kerntemperatur von mindestens 70 °C für die Dauer von mindestens 10 Minuten sterben potenziell enthaltene Krankheitserreger ab. Das Hähnchenfleisch ist perfekt gegart, wenn es sich leicht von den Knochen lösen lässt, das Fleisch hell und der austretende Saft klar ist.

Beim Braten oder Frittieren erhöht sich der Fettgehalt erheblich, da das Fleisch, insbesondere die Haut, Brat- oder Frittierfett aufnimmt. Joghurt ist eine gute Marinade, die verhindert, dass das Fleisch beim Garen stark austrocknet. Durch die im Joghurt enthaltenen Bakterien und das saure Milieu werden die Muskelfasern bereits beim Marinieren aufgebrochen und das Fleisch dadurch sehr zart.

Hühnersuppe

Diese Suppe weckt alle Lebensgeister. Manch einer sagt, ein deftiger Hühner-Gemüse-Eintopf sei sogar wie Medizin. Mir schmeckt Hühnersuppe schlicht und ergreifend. Hier mein Lieblingsrezept, ganz bodenständig gekocht. Die Eierstichwürfel sind das i-Tüpfelchen.

Für 4 Personen

Für die Suppe

1 küchenfertiges Suppenhuhn (ca. 2 kg)
¼ Sellerieknolle (ca. 150 g)
1 Zwiebel
2 Karotten (insg. ca. 180 g)
1 Lorbeerblatt
1 Prise gemahlener Piment
2 Frühlingszwiebeln
1 frische milde rote Chilischote
2–3 Stängel glatte Petersilie (nach Belieben)

Für den Eierstich

4 Eigelb (Größe M)
100 g Sahne
200 ml Milch (3,5 % Fett)
1 Prise gemahlener Piment
1 Prise frisch geriebene Muskatnuss
1 Prise Salz
1 Prise frisch gemahlener schwarzer Pfeffer

Zubereitungszeit ca. 30 Minuten plus ca. 2 Stunden Garzeit

Für die Suppe das **Huhn** abspülen, in einen Topf geben und 3 l kaltes Wasser zugießen. Den Deckel aufsetzen und bei niedriger Hitze langsam zum Kochen bringen. Währenddessen **Sellerie, Zwiebel** und **Karotten** schälen, klein schneiden, mit **Lorbeerblatt** und **Piment** in den Topf geben und 2 Stunden garen. • Inzwischen für den Eierstich das **Eigelb** mit **Sahne** und **Milch** in eine hitzebeständige Schüssel geben und verrühren. Dann **Piment, Muskatnuss, Salz** und **Pfeffer** zugeben. Etwas Wasser in einen Topf, der groß genug ist, dass die Schüssel hineinpasst, füllen und zum Kochen bringen. Die Schüssel hineinsetzen und die Eigelbmasse stocken lassen. Aus dem Wasserbad nehmen und den Eierstich erkalten lassen. • Die **Frühlingszwiebeln** putzen, waschen und in Ringe schneiden. Die **Chilischote** entkernen, waschen und in Ringe schneiden. Die **Petersilie** waschen, trocken schütteln und hacken. • Das Suppenhuhn aus der Brühe heben und die Haut entfernen. Das Fleisch von den Knochen lösen, in mundgerechte Stücke schneiden und wieder in die Brühe geben. Frühlingszwiebeln und Chiliringe hinzufügen und warm ziehen lassen. • Zum Servieren den Eierstich in Würfel schneiden. Die Suppe in vier Suppenschalen oder tiefe Teller füllen, den Eierstich zugeben und nach Belieben mit der Petersilie abrunden.

Hühnerfrikassee

Hat man erst mal ein Huhn im Topf, kann man sich noch spontan entscheiden: Suppe oder Frikassee? Ich weiß nicht, was ich lieber mag! Mein Frikassee ist schön sämig, das grüne Gemüse setzt farbliche Highlights und am Ende gibt es ein überraschendes italienisches Finish. Dazu passt gegarter Reis.

Für 4 Personen

1 küchenfertiges Suppenhuhn (ca. 2 kg)
1 Bund Suppengrün (bestehend aus Karotte, Knollensellerie und Lauch)
80 g Butter
40 g Weizenmehl (Type 405)
200 g Sahne
2 EL frisch gepresster Zitronensaft
Abrieb von 1 Biozitrone
einige Tropfen Tabasco
Salz
5 große grüne Spargelstangen (insg. ca. 150 g)
1 Bund glatte Petersilie
100 g Parmesan
100 g grüne TK-Erbsen, aufgetaut
1 Prise frisch geriebene Muskatnuss
frisch gemahlener schwarzer Pfeffer

Zubereitungszeit ca. 30 Minuten plus ca. 2 Stunden Kochzeit

Das **Huhn** abspülen, in einen Topf geben und mit kaltem Wasser bedecken. Den Deckel aufsetzen und bei niedriger Hitze langsam zum Kochen bringen. Währenddessen das **Suppengrün** putzen, klein schneiden, in den Topf geben und alles 2 Stunden garen. • Das Suppenhuhn aus der Brühe heben – es ist gar, wenn sich das Fleisch ganz leicht vom Knochen löst. Haut und Knochen entfernen und das Hühnerfleisch in kleine Stücke schneiden. • Für die Sauce die **Butter** in einem Topf auf niedriger bis mittlerer Stufe erhitzen und leicht anbräunen. Das **Mehl** einstreuen und unter Rühren anschwitzen. Dann die **Sahne** unter Rühren in die Mehlschwitze gießen und mit etwa 500 ml von der heißen Hühnerbrühe auffüllen. **Zitronensaft, Zitronenabrieb, Tabasco** und etwas **Salz** zugeben und die Sauce reduzieren lassen. • Inzwischen den **Spargel** im unteren Drittel schälen, waschen in Stücke schneiden und in kochendem **Salzwasser** etwa 4 Minuten garen. Die **Petersilie** waschen, trocken schütteln und hacken. Den **Parmesan** fein reiben. • Die **Erbsen** zur Sauce geben. Den Spargel abgießen und mit dem Hühnerfleisch hinzufügen. Dann Parmesan und Petersilie einrühren, mit **Muskatnuss, Salz** und **Pfeffer** würzen und das Hühnerfrikassee servieren.

WARENKUNDE

Rind

Rheinischer Sauerbraten, Rinderrouladen oder saftige Steaks: Rindfleisch und die Gerichte daraus sind ein Hochgenuss, den man sich meistens an Sonn- und Feiertagen gönnt. Das kann sicher auch am vergleichsweise hohen Preis für das Fleisch liegen. Manch ein Kenner zelebriert den Genuss von Dry Aged Beef und liegt damit voll im Trend.

RINDFLEISCH KAUFEN

Rind ist nicht gleich Rind

Rindfleisch ist vielfältig. **Der Geschmack hängt von Faktoren wie Rasse, Aufzucht, Fütterung und Herkunft ab.** Und natürlich vom Geschlecht und Alter der Tiere.

> **Rasse, Aufzucht, Fütterung und Herkunft bestimmen den Geschmack.**

- **Kalb:** ein junges Rind bis zu einem Alter von 6 Monaten. Das Fleisch ist rosa bis hellrosa.
- **Färse:** ein weibliches Rind, das noch kein Junges zur Welt gebracht hat. Durch den hohen Fettanteil ist das Fleisch sehr aromatisch.
- **Jungbulle:** ein männliches geschlechtsreifes Rind mit magerem Fleisch.
- **Ochse:** ein kastrierter Bulle. Das Fleisch weist einen erhöhten Fettanteil auf, ist marmoriert und besonders zart und saftig.
- **Kuh:** Eine Kuh hat mindestens ein Kalb geboren, ihr Fleisch wird meistens zu Wurst verarbeitet.

Gutes Rindfleisch kaufen

Beim Kauf sollte Rindfleisch an den Schnittstellen leicht glänzen. Der Geruch ist appetitlich und drückt man auf das Fleisch, sollte sich die Delle bald wieder zurückbilden. **Als bestes Rindfleisch gelten Färsen- und Ochsenfleisch.** Eine extrem dunkle Farbe bei gleichzeitig trockener Oberfläche ist ein Merkmal für mindere Qualität.

Erst gut gereift schmeckt ein Stück Rindfleisch richtig gut, es ist dann auch zart und mürbe.

> **Rindfleisch mit dunkler Farbe und trockener Oberfläche deutet auf mindere Qualität hin.**

Reifen im Plastikbeutel: schnell und günstig

Mit der Erfindung der Vakuumbeutel-Verpackung wurde die einst übliche Trockenreifung von Rindfleisch nach und nach durch das neue, praktische Nassverfahren abgelöst. Das Fleisch wird direkt nach der Schlachtung in die Beutel eingeschweißt. Das Reifen dauert nur etwa 2 Wochen, die flachen Beutel lassen sich gut stapeln und transportieren. **Leider bleibt das Aroma im Vakuum etwas auf der Strecke.**

Dry Aged Beef – trocken gereift

In Reifekammern hängt das Fleisch schon mal über einen Monat – bei wenigen Grad Celsius und rund 70 Prozent Luftfeuchtigkeit. Die Luft muss möglichst gleichmäßig zirkulieren, sonst beginnt der Fäulnisprozess. In dieser Zeit wird das Fleisch zarter, denn die Muskelfasern werden durch enzymatische Prozesse gelöst. Das typische buttrig-nussige Aroma entwickelt sich. Das Fleisch verliert bei der Trockenreifung aber auch an Feuchtigkeit und Gewicht. Ist der Rand sehr trocken und fest, muss dieser zudem noch abgeschnitten werden. Deshalb ist Dry Aged Beef sehr teuer.

FLEISCH SELBST REIFEN
WELCHES STÜCK WOFÜR?

Reifen im heimischen Kühlschrank

Trocken gereiftes Rindfleisch kann man auch selbst herstellen. Dafür gibt es spezielle Reifebeutel, die man zum Beispiel im Internet bekommt. Sie lassen in die eine Richtung Flüssigkeit raus und in die andere Luft hinein. Frisches, nicht gelagertes Rindfleisch wird in diesen Beuteln eingeschweißt, dann legt man es im Kühlschrank auf ein Gitter mit einer Auffangschale darunter – die Feuchtigkeit muss abfließen können. Nach etwa 3 Wochen ist das Fleisch gereift. Es gibt Fleischfans, die behaupten, dass das gut funktioniert und das Fleisch wunderbar schmeckt. **Man sollte dabei aber skeptisch sein und den Prozess gut im Auge behalten.**

Rindfleisch nicht im Keller oder unter dem Dach abhängen lassen. Krank machende Keime könnten das Fleisch verderben.

REIFEN IM KELLER? Das Fleisch sollte man nach Expertenrat **nicht im Keller oder unter dem Dach abhängen lassen.** Das Risiko, dass zu wenig Luft an das Fleisch gelangt oder krank machende Keime das Fleisch verderben, ist zu groß.

Welches Stück wofür?

Ribeye, Roastbeef, Filet – alles lecker. Aber aus welchem Teil des Tieres stammt das Fleisch und welche Fleischstücke können für welche Zubereitungsart verwendet werden? Viele Hobbyköche brauchen da Nachhilfe, denn **der richtige Fleischzuschnitt beeinflusst das Kochergebnis.** Eine kleine Übersicht:

- **Hüfte:** Das Fleisch aus der Keule des Rinds ist fettarm. Es schmeckt kurz gebraten, aber auch geschmort als Roulade und Gulasch.
- **Rumpsteak/Roastbeef:** aus dem mittleren bis hinteren Rücken des Tieres. Auf einer Seite hat es einen dicken Fettrand. Aus diesem Teil werden Kotelettes, Steaks und Braten gewonnen.
- **Filet:** ist besonders zart und fettarm. Es ist nur ein kleines Stück Fleisch, daher ist es auch so teuer. Das Fleisch aus dem Filetstück eignet sich ideal zum Kurzbraten.
- **Entrecôte/hohe Rippe/Ribeye:** aus dem vorderen Rücken. Eignet sich ebenfalls für Steaks, wird aber auch zum Schmoren verwendet.

Marmorierung

Marmoriert bedeutet, dass das Fleisch mit Fettadern durchzogen ist.

Fett ist ein Geschmacksträger. Deshalb ist Rindfleisch, das fein marmoriert, also mit Fettadern durchzogen ist, besonders aromatisch. Außerdem ist es nach dem Braten schön saftig. Viel Bewegungsfreiheit, das Alter und die Rasse der Tiere beeinflussen unter anderem die Marmorierung. Ochsenfleisch ist zum Beispiel ausgeprägt mit Fett durchzogen. Nicht jeder schätzt den intensiven Fleischgeschmack, der durch die Veredelung und die Marmorierung entsteht, es ist aber spannend, so ein Fleischstück einmal probiert zu haben.

So braten Sie das perfekte Steak

- Ein gutes Steak sollte mindestens 3 cm dick sein.
- Das Fleisch 30 Minuten vorher aus dem Kühlschrank nehmen und abgedeckt stehen lassen. Damit es nicht austrocknet, auf beiden Seiten mit etwas Öl bestreichen.
- Den Backofen auf 60–70 °C Ober-/Unterhitze vorheizen.
- Die Pfanne sollte stabil sein und die Hitze gut leiten.
- Steak ohne Zugabe von Fett in der erhitzten Pfanne von beiden Seiten kurz scharf anbraten, bis eine schöne Kruste entsteht und es sich vom Pfannenboden löst. Wichtig: Das Fleisch dabei ruhig liegen lassen, nicht hin- und herschwenken!
- Beim Wenden nicht mit einer Gabel einstechen!
- Fleisch salzen, auf einem Blech oder Teller in den Ofen stellen und so lange ziehen lassen, bis die gewünschte Garstufe erreicht ist.
- Aus dem Ofen nehmen und nochmals zum Beispiel mit einem Teller oder Alufolie abgedeckt 5 Minuten ruhen lassen, damit sich der Fleischsaft wieder verteilt.
- Nicht in der Pfanne, sondern im Ofen nachgaren, wenn es noch zu blutig ist.

› Optimale Dicke eines Fleischstücks ist 3 cm.

› 30 Minuten vor dem Braten aus dem Kühlschrank nehmen. Um es vor dem Austrocknen zu schützen, einfach mit etwas Öl bestreichen.

› Niemals mit einer Gabel das Fleisch einstechen und wenden.

Wie ist der Garpunkt? Das zeigt der Handballentest!

- Rare: Man hält die Hand locker und drückt mit dem Zeigefinger auf den Handballen der anderen Hand. So fühlt sich das Steak an, wenn es rare ist.
- Medium: Daumen und Mittelfinger zusammenführen und wieder mit dem Finger der anderen Hand auf den Handballen drücken. So fühlt sich ein medium gegartes Steak an.
- Well done: Daumen und Ringfinger zusammendrücken. Der Handballen ist nun fest. Und so sollte sich auch ein durchgegartes Steak anfühlen.

› Probieren Sie selbst den Handballentest! Er ist einfach genial.

So lagern Sie Rind

Rindfleisch sollte man auspacken und in einer abgedeckten Schüssel im Kühlschrank aufbewahren. Ist das Fleisch unter Schutzatmosphäre verpackt oder eingeschweißt, kann es in dieser Verpackung gelagert werden. Zum Einfrieren aber unbedingt in einen Gefrierbeutel stecken, Luft herausstreichen und gut verschließen, denn die hohe Sauerstoffkonzentration in der Schutzatmosphäre begünstigt Gefrierbrand.

› Fleisch in abgedeckter Schüssel im Kühlschrank aufbewahren.

Hausgemachte Burgerpatties ohne Fleischwolf

Schneiden Sie 700 g Filetspitzen in 1 cm große Würfel, dann schneiden Sie 60 g Butter in 5 mm große Würfel. Frieren Sie beides flach ausgebreitet ein, bis das Rindfleisch anfängt, an den Kanten zu frieren – etwa 35 Minuten.

Verarbeiten Sie jeweils ein Viertel des Fleisches und der Butter in einer Küchenmaschine mit Hackmesser zu etwa reisgroßen Stückchen, indem Sie die Pulse-Taste etwa 15 bis 20 Mal drücken. Streuen Sie ¾ TL Salz und 1 TL schwarzen Pfeffer über das Fleisch und vermischen alles vorsichtig mit einer Gabel. Masse zu vier etwa 2 cm dicken Burgerpatties formen und auf einem Teller weitere 35 Minuten einfrieren. Nach Wunsch auf dem Grill oder in der Pfanne zubereiten.

Würziges Rindergulasch

Feinste Rinderhüfte gart mit Karotten und Spitzpaprika in würzigem Rotweinsud – ein köstliches Schmorgericht, das keine Wünsche offenlässt. Dazu passen Salzkartoffeln und eine Garnierung aus fein gehackter Petersilie und Frühlingszwiebel optimal.

Für 4 Personen
2 Frühlingszwiebeln
1 Zwiebel
3 kleine Karotten (insg. ca. 180 g)
2 rote Spitzpaprika (à ca. 100 g)
1 kg Rindfleisch aus der Hüfte
2 EL Rapsöl
1 frische milde rote Chilischote
1–2 EL Tomatenmark
1 gehäufter EL Paprikapulver (nach Geschmack mild oder scharf)
500 ml Rotwein
Salz
frisch gemahlener schwarzer Pfeffer

Zubereitungszeit ca. 15 Minuten plus 90 Minuten Garzeit
Die **Frühlingszwiebeln** putzen, waschen und klein schneiden. **Zwiebel** und **Karotten** schälen und ebenfalls klein schneiden. Die **Spitzpaprika** entkernen, waschen und klein würfeln. Das **Fleisch** in mundgerechte Würfel schneiden. • Das **Rapsöl** in einem Bräter erhitzen. Die Fleischwürfel dazugeben und bei hoher Hitze unter gelegentlichem Wenden etwa 3–4 Minuten anbraten. Aus der Pfanne heben und auf einen Teller legen. Die Hitze etwas reduzieren, Frühlingszwiebeln, Zwiebel, Karotten und Paprika in die Pfanne geben und unter gelegentlichem Rühren etwa 3 Minuten andünsten. • Inzwischen die **Chilischote** entkernen, waschen und in feine Ringe schneiden. Das Fleisch mit den Chiliringen zum Gemüse in den Bräter geben. **Tomatenmark** und **Paprikapulver** einrühren und mit dem **Rotwein** ablöschen. 200 ml Wasser dazugießen, den Deckel aufsetzen und bei mittlerer Hitze 90 Minuten köcheln lassen. • Gulasch mit **Salz** und **Pfeffer** abschmecken, in eine Schüssel füllen und servieren.

Rinderbraten mit Rotweinsauce und Selleriepüree

Der mit mediterranen Kräutern gewürzte Tafelspitz badet über Nacht in Rotwein und wandert dann in den Ofen, um dort schön mürbe zu werden. Sellerie als Beilage mag manch einen verschrecken, aber das passt geschmacklich perfekt – vertrauen Sie mir!

Für 4 Personen

Für den Braten

1 kg Rindertafelspitz
2 Zweige Oregano
2 Zweige Rosmarin plus 1 Rosmarinzweig zum Garnieren
1 Lorbeerblatt
350 ml Rotwein (Spätburgunder)
6 weiße Schalotten
2 Karotten (insg. ca. 180 g)
½ Sellerieknolle (ca. 300 g)
3 EL Rapsöl
Salz
frisch gemahlener schwarzer Pfeffer
1–2 TL Speisestärke, mit 1 EL Wasser angerührt (nach Bedarf)

Für das Püree

1 Sellerieknolle (600 g)
30 g Butter
2 EL Rotweinessig
Salz
frisch gemahlener schwarzer Pfeffer
300 g Schmand

Zubereitungszeit ca. 30 Minuten plus 24 Stunden Marinierzeit und ca. 2 Stunden Garzeit

Für den Braten das **Fleisch** mit **Oregano, Rosmarin** und **Lorbeerblatt** in eine Schüssel geben, den **Rotwein** darübergießen, abdecken und im Kühlschrank 24 Stunden marinieren – das Fleisch muss nicht mit Wein bedeckt sein, regelmäßiges Wenden reicht. • Am nächsten Tag den Backofen auf 160 °C Ober-/Unterhitze vorheizen. • **Schalotten** schälen und in Scheiben schneiden. Die **Karotten** schälen und ebenfalls in Scheiben schneiden. Die **Sellerie** schälen und in Stücke schneiden. • Das **Öl** in einem Bräter oder ofenfesten Topf erhitzen. Schalotten, Karotten und Sellerie zugeben und bei hoher Hitze unter gelegentlichem Rühren 2–3 Minuten scharf anbraten. • Das Fleisch aus der Rotweinmarinade nehmen, rundum **salzen,** zum Gemüse geben und 3–4 Minuten mitbraten, dabei mehrmals wenden und **pfeffern.** Mit der Marinade ablöschen. Den Deckel aufsetzen, den Bräter in den vorgeheizten Ofen geben und etwa 2 Stunden garen. • Etwa 30 Minuten vor Ende der Garzeit für das Püree die **Sellerieknolle** schälen und in Stücke schneiden. Die **Butter** in einem Topf erhitzen und die Selleriestücke darin bei mittlerer Hitze 3–4 Minuten anschwitzen. Den **Essig** zugeben und mit **Salz** und **Pfeffer** würzen. 150 ml Wasser zugießen, den Deckel aufsetzen und etwa 30 Minuten weich kochen. • Den Sellerie mitsamt der Flüssigkeit sowie dem **Schmand** mit dem Stabmixer fein pürieren. Warm halten. • Den Bräter aus dem Ofen nehmen. Das Fleisch auf ein Holzschneidebrett legen und mit Alufolie abdecken. Die Flüssigkeit aus dem Bräter durch ein Sieb in einen Topf passieren und auf die Hälfte einkochen – so erhält die Sauce ein besonders intensives Aroma. Bei Bedarf die Sauce mit der angerührten **Speisestärke** binden. • Den Rinderbraten aufschneiden und auf einer Platte anrichten. Mit dem **Rosmarin** garnieren und mit dem Selleriepüree servieren.

Wiener Schnitzel

Schön dünn, außen kross und innen saftig – so mögen wir es am liebsten, das Wiener Schnitzel! Aus edlem Kalbfleisch zubereitet, darf es diesen Titel tragen und ist dann weit mehr als schnöde Hausmannskost. Eine klassische Beilage ist Kartoffelsalat.

Für 4 Personen

4 dicke Scheiben Kastenweißbrot (à ca. 40 g; alternativ 150 g Paniermehl)
ca. 600 g Kalbfleisch aus der Oberschale
Salz
frisch gemahlener schwarzer Pfeffer
50 g Weizenmehl (Type 405)
2 Eier (Größe M)
2 EL Milch (3,5 % Fett)
150 g Butterschmalz
20 g Butter

Zubereitungszeit ca. 15 Minuten plus 30 Minuten Backzeit

Den Backofen auf 100 °C Ober-/Unterhitze vorheizen. • Die **Brotscheiben** in den vorgeheizten Ofen geben und etwa 30 Minuten trocknen, dabei einen Kochlöffel zwischen Ofen und Ofentür stecken, damit die Feuchtigkeit entweichen kann. Herausnehmen und abkühlen lassen. Das Brot klein schneiden und in der Küchenmaschine fein zu Paniermehl reiben. • Das **Kalbfleisch** in vier Scheiben schneiden und mit der flachen Seite des Fleischklopfers 2–3 mm dünn plattieren. Falls kein Fleischklopfer zur Hand ist, einfach einen kleinen Topf mit Stiel verwenden, dabei Frischhaltefolie auf das Fleisch legen, damit es nicht am Topf kleben bleibt – oder beim Einkauf den Metzger bitten, das Fleisch zu plattieren. Die Schnitzel von beiden Seiten mit **Salz** und **Pfeffer** würzen. • Für das Braten die Panierstraße vorbereiten: Das **Mehl** auf einen großen flachen Teller streuen. Die **Eier** mit der **Milch** in einen großen tiefen Teller geben und verquirlen. Das Paniermehl auf einen anderen großen flachen Teller streuen. • **Butterschmalz** und **Butter** in einer sehr großen Pfanne erhitzen. Zunächst die Schnitzel im Mehl wenden und das überschüssige Mehl abschütteln. Dann durch die Eiermilch ziehen und zum Schluss im Paniermehl wenden. Die Panade nur sanft andrücken, damit sie beim Braten locker bleibt und aufgeht. Das Wellen der Schnitzelpanade nennen Köche auch „Soufflieren", es ist ein Qualitätsmerkmal. • Die Schnitzel sofort nach dem Panieren im heißen Fett bei hoher Hitze von beiden Seiten je 1–2 Minuten braten – die hohe Temperatur ist ausschlaggebend für den Geschmack, denn die Schnitzel sollen nur kurz, aber scharf angebraten werden. Nacheinander braten, denn es ist wichtig, dass die Schnitzel genug Platz haben. • Wiener Schnitzel auf vier Teller setzen und mit Beilagen nach Wahl servieren.

WARENKUNDE

Schwein

Schweinefleisch ist das liebste Fleisch der Deutschen, dabei geht uns die Liebe zur Wurst ganz besonders durch den Magen. Kein Wunder, dass nicht wenige Wurstsorten sogar Kulturgut sind und es sogar zu einer gewissen Berühmtheit im Ausland geschafft haben.

VIEL ABWECHSLUNG IM SORTIMENT

Wurstwaren – buntes Angebot

Schier endlos erscheint das Angebot an mit Schweinefleisch hergestellten Wurst- und Schinkensorten. Grob wird unterschieden in:

- **Rohwurst:** Durch Salzen, Reifen und/oder Räuchern wird Wurst aus rohem Fleisch haltbar gemacht, zum Beispiel Mettwurst und Salami.
- **Brühwurst:** Brätmasse wird in Därme gefüllt und in heißem Wasser gegart, zum Beispiel Frankfurter, Fleischwurst, Bierschinken, Leberkäse.
- **Kochwurst:** Gegartes Fleisch und rohe Zutaten wie Innereien und Blut werden in Därme gefüllt und in heißem Wasser gegart, zum Beispiel Blutwurst, Leberwurst.

So bleibt Wurst länger frisch

Je nach Sorte ist Wurst mehr oder weniger empfindlich. **Generell ist es ratsam, sie immer zu kühlen – am besten unter 7 °C.** Ausnahmen bilden Wurst im Glas und luftgetrocknete Wurst; einmal angebrochen oder angeschnitten sollten aber auch sie gekühlt werden. **Schlagen Sie jede Sorte einzeln in Folie oder besser noch in Wachspapier ein** und legen Sie die Pakete zusätzlich noch in Vorratsdosen.

> **Wurst immer kühlen – am besten unter 7 °C.**

Wurst: nicht wirklich gesund

Viele Würste sind im Grunde hoch verarbeitete Fleischprodukte. Sie zählen in der Regel zu den fett- und salzreichen Lebensmitteln. Viele enthalten auch das umstrittene Nitritpökelsalz. **Ernährungsexperten raten deshalb, nicht mehr als 40 g Wurstwaren am Tag zu essen** – der Gesundheit zuliebe. Magerer sind Schinken, Braten oder Aspik.

> **40 g Wurstwaren am Tag sollten bestenfalls nicht überschritten werden.**

Schinken: feine Spezialität

Ob gekocht, gepökelt, luftgetrocknet oder geräuchert – Schinken zählt zu den beliebtesten Fleischerzeugnissen Deutschlands. **Schinken stammt aus dem Hinterschenkel des Schweins.** Das Fleisch bleibt in der Regel am Stück, manchmal sogar am Knochen, zum Beispiel beim berühmten Westfälischen Knochenschinken. Eine Ausnahme bildet der Kochschinken: Ihn gibt es auch aus der Vorderschulter. Er ist fester und grobfaseriger als Hinterschinken aus der Keule.

Schwarzwälder – die Nummer eins

Der beliebteste Schinken in Deutschland ist der Schwarzwälder Schinken. Er trägt das EU-Siegel „geschützte geografische Angabe" (g. g. A.). **Doch das heißt nicht, dass das Schweinefleisch selbst aus der Region stammt, nur der Schinken muss im Schwarzwald verarbeitet worden sein.**

SCHWEINEFLEISCH
KAUFEN UND ZUBEREITEN

Welches Stück wofür?

Welche Fleischstücke können für welche Zubereitungsart verwendet werden? Eine kurze Übersicht:

- **Filet:** auch Lende genannt, liegt zu beiden Seiten der Wirbelsäule. Ist besonders zart und eignet sich zum Kurzbraten und schon mal als besonders feines Geschnetzeltes.
- **Nacken:** auch Schweinekamm genannt, bildet die vordere Verlängerung des Kotelettstrangs. Nacken ist vielfältig verwendbar: Als Braten wie Pulled Pork, aber auch als Steak.
- **Keule:** edelster Teil des Schweins, unterteilt in Oberschale (Schnitzel oder Steaks), Unterschale (perfekt zum Schmoren und Braten), Nuss (für Kurzgebratenes oder Nussschinken) und Hüfte (für Kurzgebratenes). Die Keule ist das klassische Stück zur Schinkenherstellung.
- **Rückenspeck:** auch fetter Speck genannt, ist ohne Fleischanteil. Als unbehandelter „grüner" Speck wird er zum Spicken verwendet, aber auch geräuchert oder zu Schmalz verarbeitet.
- **Bauch:** fettreichstes Fleischstück zum Kochen, Braten und Pökeln.

So kaufen Sie hochwertiges Schweinefleisch

Gute Qualität sieht so aus: kräftiges rosa bis hellrotes Fleisch, weißer Speck, keine ausgetrockneten Schnittstellen, unauffälliger Geruch, feste Konsistenz.

Schweinefleisch sollte eine kräftige rosa bis hellrote Farbe haben, Speck sollte weiß sein. Die Schnittstellen müssen matt glänzen und dürfen keinesfalls ausgetrocknet wirken. Frische Ware hat einen unauffälligen Geruch. **Kaufen Sie kein Schweinefleisch, das sehr blass oder auffällig dunkel aussieht** und im eigenen Saft liegt – das weist auf minderwertige Qualität hin. Die Konsistenz sollte eher fest sein.

Schweinefleisch lagern und garen

Frisches Schweinefleisch am Stück können Sie im Kühlschrank 2–3 Tage aufbewahren – Sie sollten es ohne Folie in eine gut schließende Vorratsdose legen. Schweinefleisch immer komplett durchgaren, es kann gesundheitsgefährdende Keime enthalten. **Bratenstücke sollten für mehrere Minuten eine Kerntemperatur von mindestens 70 °C haben.**

Fix und fertig mariniert

Mariniertes abgepacktes Fleisch wurde meist bereits einmal aufgetaut. Am besten marinieren Sie das Fleisch selbst.

Das Warenangebot an fertig mariniertem Schweinefleisch im Discounter oder Supermarkt ist vielfältig und besticht durch günstige Preise. **Oft wird dafür gelagertes, tiefgefrorenes Fleisch aufgetaut, dann in die Saucen gegeben und abgepackt.** Für den Verbraucher ist das nicht transparent, **denn die Hersteller sind nicht dazu verpflichtet, das Auftauen auf der Verpackung zu kennzeichnen.** Nur wenige Hersteller schreiben freiwillig auf die Packung „aus aufgetautem Fleisch". Verbraucherschützer kritisieren Qualitätsverluste bei aufgetautem Fleisch, denn beim Auftauen verliert es Flüssigkeit und wird zäh. Auch sollte bereits eingefrorenes Schweinefleisch aus hygienischen Gründen nicht wieder eingefroren werden – deshalb sollte der Kunde Bescheid wissen.

Schwein ist nicht gleich Schwein

Schweine werden je nach Alter und Geschlecht unterschiedlich bezeichnet:

- **Ferkel:** noch gesäugtes Jungtier mit einem Gewicht von bis zu 5 kg
- **Spanferkel:** noch gesäugtes Jungtier, das im Alter von etwa 6 Wochen mit einem Gewicht von 12 bis 20 kg geschlachtet wird
- **Läufer:** nicht mehr gesäugtes Jungtier
- **Sau:** weibliches Tier, das schon Nachwuchs hatte
- **Bork (auch Kunze oder Barch):** männliches Tier, das im Alter von 3 bis 4 Wochen kastriert wurde
- **Eber (auch Hauer oder Bär):** unkastriertes männliches Zuchtschwein
- **Altschneider (auch Spätschneider):** Eber, der wenigstens 8 Wochen vor seiner Schlachtung kastriert wurde, um dem strengen Geschmack entgegenzuwirken

Alle lieben Hack

Durch den Wolf gedreht und bis zur Unkenntlichkeit zerkleinert – Hackfleisch ist preisgünstig und ausgesprochen beliebt. Mett, zum Beispiel Thüringer Mett, ist rohes Schweinehackfleisch, das unter anderem mit Salz, Zwiebeln und Gewürzen gemischt und gern roh auf Brot oder Brötchen gegessen wird. Mettwurst ist die haltbare Variante von Mett. Rohes Mett sollte man nur essen, wenn es absolut frisch ist und hygienisch zubereitet wurde. Es gibt immer ein Risiko, dass Bakterien, darunter auch Krankheitserreger, drinstecken. Schwangere, Kinder unter 5 Jahren, Senioren und immungeschwächte Personen sollten Hackfleisch nicht roh essen. Die meisten Krankheitserreger sterben beim Durchbraten für 2 Minuten bei mindestens 70 °C ab.

> **Mettwurst ist die haltbare Variante von Mett.**

> **Schwangere, Kinder unter 5 Jahren, Senioren und immungeschwächte Personen sollten kein rohes Hackfleisch essen.**

Hygiene ist wichtig

Hackfleisch hat eine riesige Oberfläche und ist deshalb ein sehr empfindliches Lebensmittel. Es sollte möglichst kühl transportiert und noch am Einkaufstag verarbeitet werden. Dabei auf gute Küchenhygiene achten und Schneidebretter, Messer und Hände im Anschluss gut mit Seife reinigen.

WENN, DANN RICHTIG KALT LAGERN Vorsicht ist bei abgepacktem Hackfleisch geboten: Das Verbrauchsdatum gilt oft nur für eine Lagertemperatur von 2 bis 4 °C! In einem normalen Haushaltskühlschrank herrschen aber durchschnittlich 4 bis 6 °C!

Salami – der beliebteste Aufschnitt Deutschlands

Salami gehört zu den Rohwürsten, grob oder fein, luftgetrocknet oder geräuchert. Je nach Trocknungsgrad hat sie einen weichen oder festeren Biss, aber immer ist sie – im Gegensatz zur Mettwurst – schnittfest. Wegen des niedrigen Wassergehalts kann man Salami in der Regel ungekühlt aufbewahren. Der Fettanteil variiert, der Trend geht eindeutig zu magereren Varianten. Deutsche Salami enthält im Normalfall Rind- und Schweinefleisch sowie Speck. Sie ist fein gekörnt und wird meist geräuchert. Zudem wird die deutsche Salami oftmals dicker aufgeschnitten als mediterrane Sorten.

Schweinebraten in Biersauce

Dieser Braten ist ein fettes Ding, aber er schmeckt wie ein Traum. Wenn die krosse Kruste des Schweinebauchs im Mund knuspert und das Schmorgemüse seine Aromen mit denen des Biers vereint, ist das ein wirklicher Hochgenuss! Während der Bratzeit können Sie übrigens Beilagen, zum Beispiel Kartoffelpüree, zubereiten.

Für 4 Personen
2 Zwiebeln
2 Karotten (insg. ca. 180 g)
½ Sellerieknolle (ca. 300 g)
1–2 EL Rapsöl
3 Wacholderbeeren
1 Lorbeerblatt
2 Gewürznelken
1 TL helle Senfsaat
Salz
800 g Schweinebauch
500 ml Kalbsfond aus dem Glas
250 ml Pilsner Bier

Zubereitungszeit ca. 15 Minuten plus ca. 95 Minuten Garzeit
Den Backofen auf 140 °C Ober-/Unterhitze vorheizen. • **Zwiebeln** schälen und grob in Stücke schneiden. **Karotten** schälen und ebenfalls grob in Stücke schneiden. Die **Sellerieknolle** schälen und grob würfeln. • Das **Öl** in einer großen, hohen und ofenfesten Pfanne oder in einem Bräter erhitzen, Zwiebeln und Karotten zugeben und bei mittlerer Hitze anbraten. Die Selleriestücke hinzufügen und 2–3 Minuten unter gelegentlichem Rühren rösten. **Wacholderbeeren, Lorbeer, Nelken** und **Senfsaat** zugeben und mit **Salz** würzen. • Die Fettseite des **Schweinebauchs** etwa 5 mm tief rautenförmig einritzen und mit dem Rautenmuster nach oben auf das Röstgemüse in die Pfanne setzen. **Kalbsfond** und **Bier** angießen, in den vorgeheizten Ofen geben und 90 Minuten garen. • Nach der Garzeit den Backofengrill (200 °C) einschalten und den Schweinebraten 5–8 Minuten grillen, damit die Kruste schön knusprig wird. • Die Pfanne aus dem Ofen nehmen, den Braten auf ein Holzbrett setzen und mit Alufolie abdecken. Das Gemüse mit dem Garsud durch ein feines Sieb in einen Topf passieren und die Sauce gut 3–4 Minuten einkochen lassen. • Den Schweinebraten aufschneiden, auf vier Tellern anrichten und mit der Biersauce servieren.

Wurstsalat

Als Sternekoch verrate ich Ihnen mein eigenes Rezept! Zugegeben, der Salat mit reichlich Fleischwurst wird es nicht auf die Festtafel schaffen, dafür ist er trotz Rettich und Rucola viel zu robust. Aber genau so was braucht man manchmal – ein einfaches, ehrliches und auch schnelles Essen. Zu diesem Wurstsalat passt frisches Bauernbrot.

Für 4 Personen
2 EL Kürbiskerne
400 g Fleischwurst
1 Zwiebel
2 Frühlingszwiebeln
1 Schale Rucola (150 g)
1 Bund glatte Petersilie
1 Rettich (ca. 300 g)
1 Glas Cornichons (125 g)
4 EL Gurkensud aus dem Glas
1 EL Kräuteressig
2 EL Rapsöl
Salz
frisch gemahlener schwarzer Pfeffer

Zubereitungszeit ca. 20 Minuten
Die **Kürbiskerne** in einer Pfanne ohne Fettzugabe rösten und beiseitestellen. • Die **Fleischwurst** in dünne Scheiben schneiden. Dann die Wurstscheiben in Portionen aufeinanderstapeln, in Streifen schneiden und in eine große Schüssel geben. • Die **Zwiebel** schälen und in feine Scheiben schneiden. Die **Frühlingszwiebeln** putzen, waschen, ebenfalls in feine Scheiben schneiden und beides zur Fleischwurst in die Schüssel geben. • **Rucola** und **Petersilie** waschen, trocken schleudern und klein schneiden. Den **Rettich** schälen und in feine Scheiben schneiden. Die **Cornichons** ebenfalls in feine Scheiben schneiden. Rucola, Petersilie, Rettich und Cornichons in die Schüssel geben und alles vermengen. • **Gurkensud, Essig** und **Öl** darüberträufeln und vermengen. Mit **Salz** und **Pfeffer** abschmecken, den Wurstsalat mit den gerösteten Kürbiskernen bestreuen und servieren.

Anhang

WWW.MENGENRECHNER.DE – UNSER KOSTENLOSER SERVICE FÜR SIE

kcal

Der Einkaufs- und Ernährungsassistent für unsere Kochbücher

Abschreiben oder Abfotografieren war gestern
Rezepte aus unseren Kochbüchern lassen sich kostenlos auf **www.mengenrechner.de** an die Personenzahl und individuelle Portionsgrößen anpassen und als E-Mail auf Ihr Smartphone schicken oder gleich dort aufrufen. Zutaten lassen sich streichen, neue Zutaten ergänzen.

Rezept- und Zutatenfilter
Suchen Sie zum Beispiel nach veganen, vegetarischen, glutenfreien, laktosefreien oder nach Rezepten mit Zutaten, die Sie noch vorrätig haben. Speichern Sie Lieblingsrezepte und Einkaufslisten.

Persönlicher Ernährungsassistent
Sortieren Sie Rezepte nach Kalorien, Kohlenhydraten, Fett- oder Eiweißgehalt. Berechnen Sie wissenschaftlich Ihren täglichen Kalorienbedarf und -verbrauch. Legen Sie Maximalwerte für Kalorien- oder Kohlenhydrataufnahme fest. Führen Sie Tagesprotokolle mit Nährwertbilanz.

Zutatenregister

Rezeptregister

Weitere Bücher von
Björn Freitag

EINFACH UND KÖSTLICH **Schnelle Genussküche mit Pfiff**
Rezepte: Björn Freitag, Text: Anja Tanas, Fotografie: Hubertus Schüler, 160 Seiten, 70 Fotos, Format 23,5 × 28 cm, gebunden, mit SU
28,00 EUR (D), 28,80 EUR (A), ISBN 978-3-95453-109-7

Dank

Ein so umfangreiches Format wie „Der Vorkoster“ kann nur durch ein schlagkräftiges, kompetentes Team bewältigt werden. Mein herzlicher Dank gilt deshalb allen Kollegen von SolisTV, die keine Mühe scheuen, unzählige Hintergrundinformationen zusammenzusammeln, die besten Experten vor die Kamera zu holen und dafür zu sorgen, dass sich die eigentlich verrammelten Türen der Lebensmittelindustrie für mich als Vorkoster öffnen. Die Redaktion des WDR hält mir schon immer den Rücken frei und ist ein zuverlässiger Begleiter auf meinem kulinarischen Weg.

Wer Fragen hat, braucht vertrauensvolle Gesprächspartner, die fundierte Antworten parat haben. Diplom-Oecotrophologin Anja Tanas begleitet mich seit vielen Jahren – zusammen fühlen wir der Lebensmittelbranche auf den Zahn. Immer wieder ein spannendes und anregendes Unterfangen!

Impressum

Originalausgabe
Becker Joest Volk Verlag GmbH & Co. KG
Bahnhofsallee 5, 40721 Hilden, Deutschland

1. Auflage Oktober 2018

ISBN 978-3-95453-145-5

Rezepte: Björn Freitag
Texte: Dipl.-Oecotroph. Anja Tanas in Zusammenarbeit mit Élena-S. Eilmes
Foodfotografie: Hubertus Schüler
Foto-Assistenz: Benedikt Koester
Foodstyling: Stefan Mungenast
Porträt: Dipl.-Des. Justyna Schwertner
Projektleitung: Johanna Hänichen
Typografische Konzeption, Layout, Buchsatz: Dipl.-Des. Anne Krause
Bildbearbeitung: Ellen Schlüter und Makro Chroma Joest & Volk OHG, Werbeagentur, Sven Pawlowski
Fachlektorat: Şebnem Yavuz
Lektorat: Doreen Köstler
Druck: Firmengruppe Appl, aprinta druck GmbH

WWW.MENGENRECHNER.DE
UNSER KOSTENLOSER SERVICE FÜR SIE

Ausführliche Infos
Seite 186

Für das WDR Fernsehen wird die Sendereihe DER VORKOSTER von solisTV Film- und Fernsehproduktionen GmbH hergestellt, Produzent: Stefan Wichmann, Redaktion solisTV: Wolfram Emter, Redaktion im WDR: Klaus Brock

WDR FERNSEHEN
www.vorkoster.wdr.de

BECKER JOEST VOLK VERLAG
www.bjvv.de